Ces enfants déstabilisés par l'hyper-parentalité

Catalogage avant publication de Bibliothèque et Archives nationales du Québec et Bibliothèque et Archives Canada

Jézéquel, Myriam

Ces enfants déstabilisés par l'hyperparentalité

(Collection Famille)

ISBN 978-2-7640-1833-0

1. Enfants – Hyperprotection. 2. Parents et enfants. 3. Rôle parental. 4. Éducation des enfants. 5. Autonomie chez l'enfant. I. Titre. II. Collection : Collection Famille (Éditions Québec-Livres).

BF723.P25J49 2013 306.874 C2012-942639-3

Dépôt légal : 2013
Bibliothèque et Archives nationales du Québec

Pour en savoir davantage sur nos publications,
visitez notre site : **www.quebec-livres.com**

Éditeur : Jacques Simard
Conception de la couverture : Bernard Langlois
Illustration de la couverture : Istockphoto
Conception graphique : Sandra Laforest
Infographie : Claude Bergeron

Imprimé au Canada

Gouvernement du Québec – Programme de crédit d'impôt pour l'édition de livres – Gestion SODEC.

L'Éditeur bénéficie du soutien de la Société de développement des entreprises culturelles du Québec pour son programme d'édition.

Nous reconnaissons l'aide financière du gouvernement du Canada par l'entremise du Fonds du livre du Canada pour nos activités d'édition.

DISTRIBUTEURS EXCLUSIFS :

- Pour le Canada et les États-Unis :
MESSAGERIES ADP*
2315, rue de la Province
Longueuil, Québec J4G 1G4
Tél. : (450) 640-1237
Télécopieur : (450) 674-6237
* une division du Groupe Sogides inc., filiale du Groupe Livre Québecor Média inc.

- Pour la France et les autres pays :
INTERFORUM editis
Immeuble Paryseine, 3, Allée de la Seine
94854 Ivry CEDEX
Tél. : 33 (0) 4 49 59 11 56/91
Télécopieur : 33 (0) 1 49 59 11 33

Service commande France Métropolitaine
Tél. : 33 (0) 2 38 32 71 00
Télécopieur : 33 (0) 2 38 32 71 28
Internet : www.interforum.fr

Service commandes Export – DOM-TOM
Télécopieur : 33 (0) 2 38 32 78 86
Internet : www.interforum.fr
Courriel : cdes-export@interforum.fr

- Pour la Suisse :
INTERFORUM editis SUISSE
Case postale 69 – CH 1701 Fribourg – Suisse
Tél. : 41 (0) 26 460 80 60
Télécopieur : 41 (0) 26 460 80 68
Internet : www.interforumsuisse.ch
Courriel : office@interforumsuisse.ch

Distributeur : OLF S.A.
ZI. 3, Corminboeuf
Case postale 1061 – CH 1701 Fribourg – Suisse

Commandes : Tél. : 41 (0) 26 467 53 33
Télécopieur : 41 (0) 26 467 54 66
Internet : www.olf.ch
Courriel : information@olf.ch

- Pour la Belgique et le Luxembourg :
INTERFORUM BENELUX S.A.
Fond Jean-Pâques, 6
B-1348 Louvain-La-Neuve
Tél. : 00 32 10 42 03 20
Télécopieur : 00 32 10 41 20 24

MYRIAM JÉZÉQUEL

Ces enfants déstabilisés par l'hyper-parentalité

Place à l'harmonie en famille

LES ÉDITIONS
Québec-Livres
Une société de Québecor Média

Avant-propos

Lorsqu'on m'a proposé de traiter de l'hyperparentalité, j'étais enchantée comme auteure (bien sûr !) et comme journaliste avide de détails croustillants sur la croissance de ce phénomène social et culturel, mais surtout – soyons sincère – j'étais interpellée comme maman.

Ce que je pensais d'abord aborder comme un classique exercice de recherche et d'écriture s'est avéré bien plus prenant et surprenant à la lumière des faits. Du culte de l'hyperparentalité à l'émergence de mouvements éducatifs et alternatifs, je m'engageai dans l'étonnante aventure des méandres et des profondeurs de nos désirs et de nos ambitions parentales.

Non, il n'y a pas que les sages enfants d'hier qui ont changé. Les parents d'aujourd'hui ne ressemblent plus guère à nos propres parents. La roue générationnelle continue de tourner, certes, mais elle s'accélère à la vitesse de notre société hyper pressée, ultra-exigeante et surprotectrice. Que s'est-il passé ?

Que les hyperparents prennent très au sérieux leur responsabilité parentale, qu'ils exercent comme un métier en soi, ou que des parents dits hors normes explorent d'autres manières d'éduquer à travers un nouvel art de vivre familial, jamais l'éducation des enfants ne s'était-elle hissée à un tel niveau d'enjeu personnel, familial et social. Jamais la pression culturelle ne s'était-elle fait sentir aussi massivement culpabilisante et anxiogène.

La parentalité : un pari éducatif aussi bien intentionné qu'une mission risquée ! Comme si l'« erreur » éducative pouvait être fatale à l'avenir de nos chérubins et la «faute» parentale irrémédiablement fautive de menacer les chances de succès de nos bouts de chou.

Parce que l'hyperparentalité, comme le *slow family living*, le *free education* ou le *soft power*, croît sur le terreau de nos inquiétudes, se nourrit de nos certitudes bien pensantes et s'abreuve de nos projections, des joies et des leurres d'une parentalité idéale (et idéalisée), il fallait creuser et retourner la terre des valeurs souterraines à ces tendances contemporaines.

Autant le dire: je me suis prise au jeu de m'informer sur ce que tout «bon parent» devrait savoir aujourd'hui selon les conceptions éducatives du moment. Et, en passant, pourquoi ne pas mettre à l'épreuve mon côté maman sereine, organisée et (trop peut-être?) confiante en son instinct maternel? Appels à témoignages envoyés aux amies et à la famille, participation à des ateliers de parents, inscription à une formation sur l'éducation... Tout ça pour aller au-delà des conseils livresques, des classiques théories éducatives et des observations de psys tirées de l'histoire de leurs patients et romancées dans leurs livres.

Écouter les leçons d'éducation pour devenir un «bon parent». Entendre des mères à plein temps (mais les pères ne sont pas en reste!) confier leur désarroi devant les cris, les coups et les «non» de leurs petits trésors. Surprendre les ambivalences entre le désir parental de compétition et le puissant instinct maternel de protection. Sans oublier tous les cris du cœur et les appels à l'aide lancés sur les forums de discussion, partagés sur les blogues et les sites Internet.

Que signifie éduquer un enfant aujourd'hui? Pour le savoir, il me fallait poser le cadre, dresser des portraits, raconter des histoires, expliquer des tendances et leurs valeurs sous-jacentes, rappeler les indispensables en éducation...

Si, vous aussi, vous vous interrogez sur votre style de parentalité, les bénéfices et les excès de vos injonctions familiales, les tendances éducatives en émergence, le sens de votre mission parentale ou certains besoins de base de vos enfants, ce livre est pour vous. Car ne vaut-il pas mieux être ce parent averti de ses croyances et de ses valeurs et d'autant plus aguerri qu'il se connaît lui-même et reconnaît la personnalité unique de son enfant ?

Bonne lecture !

Introduction

La majorité des parents ont à cœur la protection, la sécurité et l'épanouissement de leur enfant. Mais quand ils s'épuisent à le mettre à l'abri de tous les dangers, qu'ils veillent sans relâche à sa vie scolaire, surveillent de près ses amitiés, courent sans arrêt d'une activité parascolaire à l'autre de crainte qu'il ne manque de stimulations ou rate les meilleures chances de réussir, le risque pour le bien-être (et l'autonomie) du petit est bien réel. De la protection à la surprotection de l'enfant, il n'y a qu'un pas que des parents franchissent allègrement au nom de l'amour, croient-ils.

Dans une société compétitive où l'exigence de réussite et le culte de l'excellence font régner un climat d'anxiété de performance, l'enfant est parfois soumis à une telle attention parentale qu'elle tourne à la véritable pression, avouons-le. Comme si cela ne suffisait pas, une pléthore d'ouvrages éducatifs se livrent à une surenchère de conseils d'activités organisées, pour bien tenir les rênes de son apprentissage. Pourtant, rares sont les enfants qui résistent à un tel niveau d'exigence sans développer certains signes d'anxiété, voire de détresse.

Véritable phénomène de société, l'hyperparentalité se caractérise par une attention excessive portée à l'enfant et à son environnement. L'hyperparent est ce parent qui, souvent, donne trop (biens de consommation), protège trop (des dangers), stimule trop (par des activités sans fin), s'investit trop (dans les problèmes affectifs et émotifs de son enfant), contrôle trop (dans une super-gestion du quotidien), s'engage trop (dans le succès scolaire de son enfant, entre autres). « Pourvu qu'il ne manque de rien... » semble bien être la préoccupation maîtresse de ces parents poules. Pourtant, même bien intentionnée, cette attention anxieuse et excessive peut nuire au développement de l'enfant en négligeant ses besoins réels et son propre rythme de développement.

Mais que cachent de tels excès? Peut-on trop aimer son enfant au point d'inventer son propre chemin de vie? Quels sont les principaux effets de l'hyperparentalité? Comment accompagner, encourager et encadrer son enfant sans tomber dans l'excès? Qu'est-ce qu'un parent « assez » bon sans être parfait?

Ce livre vous aidera à comprendre les motivations de l'hyperparent, à découvrir ses principales attitudes et à atténuer les excès de ses injonctions, en connaissant les limites raisonnables de l'intervention parentale favorable à l'autonomie et à l'équilibre de l'enfant. De plus, cet ouvrage apportera un éclairage sur de nouvelles tendances en matière de parentalité, notamment le *slow family living* (vie de famille au ralenti) et le *free-range parenting* (éducation parentale libérée). Ces tendances en émergence font contrepoids au phénomène de l'hyperparentalité en prônant de nouvelles priorités et un changement d'attitude, comme un certain retour à une vie de famille plus paisible, la valorisation du temps libre, le respect des réels besoins de l'enfant, etc.

Au-delà de son aspect informatif, ce livre se présente aussi comme un guide pour les parents soucieux d'équilibre et de bien-être. Avez-vous l'impression de manquer de temps, de tonus et d'énergie pour tout faire? Vos enfants vivent-ils aussi sous la pression des horaires, des examens, des injonctions de réussite à tout prix? En lisant ce livre, vous y puiserez conseils, idées et pratiques. L'ouvrage ne se contente pas d'alarmer les parents sur les excès possibles de certaines injonctions parentales. Il vise à donner au lecteur, non pas des outils (je ne fais pas dans la mécanique) ou des recettes (l'éducation n'est pas affaire de cuisine), mais des pistes, ni culpabilisantes ni moralisantes, vers d'autres façons d'éduquer son enfant pour (enfin!) retrouver l'harmonie familiale et cultiver le plaisir en famille.

Note au lecteur

L'objectif de ce livre n'est pas de vous abreuver de concepts et de théories éducationnelles, rationalisant et intellectualisant encore un peu plus les méthodes d'éducation. Surtout, ne cherchez pas à éduquer vos enfants comme dans un livre. Il n'existe pas un mode de vie familiale qui puisse être écrit dans un ouvrage, de la même façon que les enfants ne sont pas des images. L'erreur serait de vouloir appliquer des principes à votre situation unique en son genre.

Les objectifs de ce livre sont tout autres. Il vise à vous aider à:

- prendre conscience des croyances, des certitudes, des exigences et de tous ces absolus qui colorent votre style éducatif;
- décrypter vos comportements et vos réactions parentales au quotidien;
- remettre en question certains excès et les assouplir;
- vous faire découvrir d'autres tendances éducatives et d'autres styles de parentalité qui façonnent l'air du temps.

Première partie

L'hyperparentalité à son plus fort

CHAPITRE 1

Qu'est-ce qu'un hyperparent ?

Tendance éducative autant que phénomène culturel et véritable fantasme social, l'hyperparentalité touche, depuis une vingtaine d'années, de plus en plus de familles occidentales et orientales, s'étend à toutes les sociétés dites privilégiées et gagne du terrain social là où règne la compétition socioéconomique. Pression à la réussite scolaire, profusion d'activités d'éveil, de jeux de stimulation et de cours particuliers, débauche d'attentions affectives, surinvestissement psychologique et démesure sécuritaire sont les principales caractéristiques de ce type de parentalité dépassant les bornes, dont les excès et les extrêmes défient toutes les lois du raisonnable en matière d'éducation.

Qu'on ne s'y méprenne pas : cette tendance lourde ne date pas d'hier. Il y a vingt-cinq ans déjà, un auteur américain tirait la sonnette d'alarme dans *The Hurried Child*. À mesure que progresse ce phénomène, les ouvrages se multiplient. *The Over-Scheduled Child : Avoiding the Hyper-Parenting Trap, Perfect Madness, Last Child in the Woods* tentent, parmi d'autres livres, de montrer sous leur vrai jour ces parents qui se surinvestissent dans l'éducation de leurs enfants jusqu'à l'oubli de soi, des besoins du couple et à la perte du sens de la mesure.

Le sujet n'en finit pas de passionner les uns (souvent les parents) et d'alerter les autres (psys et compagnie)[1]. Petit tour d'horizon des

1. Notamment Donna G. Corwin (*L'enfant sous pression*, Montréal, Les Éditions de l'Homme, 2003) et Germain Duclos (*Attention, enfant sous tension !*, Montréal, Éditions du CHU Sainte-Justine).

principaux traits qui distinguent l'hyperparent du parent « suffisamment bon ».

L'hyperparent, ce superhéros

Par bien des traits, l'hyperparent ressemble à un superhéros. Il met tant d'énergie à suivre son enfant à ses cours de langue étrangère, de musique, de ballet ou de golf. Il démontre, par ses cris d'encouragement, tellement de ferveur sur le terrain de sport. Il ne rechigne à aucune dépense pour l'achat de la grosse poussette ou les loisirs coûteux de son chérubin. Animé d'une motivation sans faille, il court d'une activité parascolaire à l'autre et parcourt les kilomètres avec la volonté d'un entraîneur sportif derrière son jeune protégé. Il est tour à tour chef cuisinier pour son enfant, aide-éducateur pour les devoirs et coach pour les activités artistiques. S'il en avait le loisir, son attention serait tout entière centrée sur son enfant et ses efforts concentrés à satisfaire ses désirs ou à pousser ses limites.

Bien décidé à ne pas reproduire les erreurs éducatives du passé et à fuir l'autoritarisme dépassé d'une autre époque, l'hyperparent est avide de trouver *la* bonne recette éducative. Tout l'intéresse : outils pédagogiques, méthodes éducatives, leçons parentales, pourvu que ces moyens le soutiennent dans l'art et la manière de favoriser le bon développement de son petit trésor, du moins au maximum de son potentiel. Pas étonnant que les étapes de croissance chez l'enfant n'aient plus de secret pour l'hyperparent. Tout y passe : lecture assidue sur les compétences parentales, visionnement des leçons d'éducation de Super Nanny ou des émissions de téléréalité mettant en scène des ados « redressés » dans la discipline. Ce sont généralement ces mêmes parents qui consultent spécialistes de l'enfance, éducateurs spécialisés et conseillers d'orientation. On dit souvent de cette mère ou de ce père qu'il en fait trop, pour lui signifier que son investissement parental est exemplaire à bien des égards ou qu'il dépasse certaines limites raisonnables. Car rien n'entend échapper à l'attention de l'hyperparent soucieux du bonheur de son enfant dans un environnement hyper contrôlé.

Ce parent hyper pressé

Pourquoi l'hyperparent semble-t-il toujours pressé ? Obsédé par les années qui filent, il prend souvent au pied de la lettre ce célèbre titre (et fameux choix de marketing) : *Tout se joue avant 6 ans*, de Fitzhugh Dodson ! Un titre qui résonne à ses oreilles comme un avertissement terrible et une véritable injonction parentale : « Dépêchez-vous ! » Lancé dans une course contre la montre, ce parent s'empresse (et se presse) d'apprendre à son enfant les b-a ba. Résultat : à 6 ans, haut comme trois pommes, il connaît parfois mieux qu'un étudiant au bac les principales capitales du monde, les bases mathématiques, les titres des grands classiques, etc. Il a visité plus de musées qu'un adulte moyen ! Il faut entendre cet enfant réciter le mot « bonjour » dans les langues les plus parlées au monde. Bref, il a déjà l'allure du petit génie en herbe. De là à invoquer la précocité de leur enfant pour lui faire sauter une classe ou le surclasser à un niveau supérieur, il n'y a qu'un pas que certains hyperparents franchissent allègrement, avec la conscience de leurs droits. Avec la perspective qu'il passe devant les autres enfants, leur espoir grandit pour qu'il se démarque par son intelligence et se taille la meilleure place en société.

Certes, ce ne sont pas tous les hyperparents qui dressent de petits savants. Mais le penchant est là : ils ressentent l'urgence éducative comme une nécessité intérieure. Et s'ils sont si pressés de voir leur enfant grandir, c'est pour qu'il acquière le maximum d'atouts dès les débuts de son existence. Aussi, rien n'est négligé pour que leur enfant prenne un bon départ dans la vie. Ses périodes d'éveil sont archi-occupées entre jeux éducatifs, mobiles interactifs et autres activités de stimulation. Un simple exemple ? Dès les premiers balbutiements de bébé dans leur langue maternelle, les parents peuvent désormais compter sur des méthodes d'apprentissage multimédias conçues pour lui afin de l'éveiller aux langues étrangères !

Un parent extrêmement exigeant

Bien souvent, l'hyperparent n'a pas de temps à perdre avec le temps libre, ce temps mort d'activités, alors qu'il lui faut optimiser chaque apprentissage de l'enfant. Ce qu'il espère de cette hyperactivité ? Ce qu'il y a de mieux, bien sûr ! Car l'hyperparent vise l'excellence et rien d'autre, prêt à donner à son petit le meilleur de lui-même ou à confier à d'autres le soin de le lui procurer. Sans doute la plupart des parents ont-ils le désir légitime de faire don du meilleur d'eux-mêmes. Mais l'hyperparent va au-delà de ce désir. Il tend à sacrifier sa propre vie sociale, jusqu'à minimiser sa vie de couple, pour s'investir auprès de l'enfant. L'enjeu est de taille : assurer un bel avenir à son petit et, en passant, se rassurer sur ses aptitudes parentales. Avec de telles attentes, pas étonnant qu'il place la barre très haut.

C'est ainsi qu'on le voit parfois pousser son rejeton à gagner les premières marches du podium. Mais avant que les médailles couvrent le mur de sa chambre, l'enfant est soumis à une pression constante. Assis dans les gradins, des hyperparents échangent sur les forces de leur bambin respectif et ils se jaugent. Car, qu'on se le dise, dans ce club d'élite, la compétition n'est pas sur le seul territoire sportif ou dans l'unique domaine artistique. Elle se joue en coulisse (ou en avant-scène) entre ces parents en concurrence. Et de transformer l'exploit de l'enfant en porte-étendard du « meilleur parent » ! Gratification de l'enfant victorieux et promotion du parent triomphant : les deux font la paire ! D'ailleurs, leur manière de mobiliser leur tribu familiale est souvent digne d'un employeur gérant la motivation de ses troupes. Dans cet univers familial et managérial, tous les arguments (ou moyens de pression) sont bons pour faire persévérer l'enfant : le souci de son avenir, la fierté d'être le premier, la peur de l'échec, le mépris de la médiocrité, la lutte contre la paresse, le goût du dépassement de soi, etc.

Le zèle du parent surprotecteur

Question sécurité, certains hyperparents ne plaisantent pas. Le monde leur paraît si dangereux qu'ils ne sont sûrs de rien et deviennent incertains de tout. Ne songez pas à surprendre leur progéniture à jouer sans surveillance, dans l'espace ouvert d'une arrière-cour, au vu et au su de tous. Côté cour, l'espace doit être clôturé et hautement sécurisé. D'ailleurs, ils sont souvent au fait des normes de sécurité dans les terrains de jeux publics. On aurait tort de les en blâmer tant les blessures et les chutes des enfants sont bel et bien une réalité. Seulement, ces normes ne cessent de se resserrer : utilisation de barrières protectrices, hauteur réglementée des structures de jeux et surfaces molles. Au Canada, des listes de vérification de la sûreté des terrains de jeux ont été créées à l'intention des parents, afin qu'ils évaluent eux-mêmes les dangers potentiels[2]. Dans le même élan sécuritaire, des villes américaines ont interdit les plongeons dans les piscines municipales pour éviter blessures et poursuites judiciaires.

À la demande de parents, certaines écoles publiques emboîtent le pas en retirant murs d'escalade et autres structures de jeux. Dans certaines écoles, partir en bicyclette pour rentrer à la maison exige une autorisation parentale. Côté maison, des hyperparents vont jusqu'à installer des caméras pour surveiller les faits et gestes de la nourrice et les allées et venues des amis de leurs enfants. Leur hypervigilance peut donner le vertige tant ils scrutent, contrôlent et supervisent les mouvements de leur petit. Par mesure de précaution, combien d'enfants sont interdits de sorties extrascolaires ? Leur environnement est si protégé qu'ils donnent l'impression d'être élevés dans la ouate.

Ce parent qui aime à profusion

Depuis que bébé est né, ses parents n'ont d'yeux que pour lui. Ses photos sont sur tous les meubles. Plus tard, ses œuvres seront exposées. Les jouets et les peluches envahissent sa chambre. Câliné, choyé, chouchouté, bébé passe de bras en bras. Ses moindres progrès sont sur toutes les lèvres. C'est bien naturel, dites-vous. Après tout, n'est-ce pas la mission première de tout parent d'aimer son enfant afin qu'il se sente aimé et aimable ? Cela est juste.

De plus, l'amour des parents doit être inconditionnel. Leur attachement affectif envers leur enfant lui est gagné d'avance, qu'il se comporte en petit ange ou en petit diable. Mais de là à passer par-dessus toutes ses bêtises et à combler ses moindres caprices, il y a une limite ! Et pourtant, combien d'hyperparents croient dur comme fer qu'il leur

2. Listes disponibles dans les centres locaux ou provinciaux de prévention des accidents ou auprès d'Enfants en sécurité Canada.

faut prodiguer leur amour à n'importe quelle condition? De l'attention à profusion, des cadeaux en abondance, un dévouement à toute épreuve caractérisent ces parents excessivement dévoués. Prêts à tout pour rendre leur enfant heureux, certains parents vont jusqu'à se priver de l'essentiel pour lui offrir le dernier gadget électronique à la mode. Une exception? Qu'il suffise de penser au déluge de paquets sous les sapins de Noël ou aux sommes investies dans les fêtes d'anniversaire. Beaucoup de ces hyperparents savent qu'il leur faudra réserver les services d'un clown, d'un magicien ou d'un autre artiste pour amuser son groupe d'amis, sans négliger de remettre un sac surprise à ces petits invités avant la fin de la fête pour éviter toute frustration. Une norme sociale transformée en impératif familial. Car rien ne semble trop beau ou trop cher pour cet enfant gâté à l'extrême.

Mais la propension parentale à le rendre heureux ne s'arrête pas à lui faire plaisir. Ils tiennent à s'enquérir de ses émotions et de ses sentiments, préoccupés par la nécessité d'adoucir, dans la mesure du possible, les aspérités de la vie et de lui préserver sa douce insouciance.

Chapitre 2

À la dure école des parents, on trouve de tout... de tout!

Depuis quand le métier de parent exige-t-il des qualifications d'expert en éducation? Est-ce la peur de mal faire, de ne pas savoir faire ou de n'en faire pas assez? Une chose est certaine: jamais les parents n'ont été aussi surinformés; jamais n'ont-ils autant eu accès à toute une expertise spécialisée qui se décline sous toutes ses formes d'apprentissage.

L'hyperparentalité commence avec cette image du parent expert de l'enfance en quête des meilleures connaissances pour parfaire ses compétences parentales. Un grand nombre d'hyperparents sont convaincus qu'être parent, ça s'apprend. Et pour entraîner ces adultes à devenir des modèles parfaits de parentalité, une multitude de ressources et d'écoles de parents sont à leur disposition. À l'école des hyperparents, on trouve une panoplie de ressources éducatives et psychologiques: des leçons de coaching aux livres spécialisés ou populaires, en passant par le partage de conseils et l'échange d'expériences parentales sur les blogues, sans oublier les émissions de téléréalité, les lignes téléphoniques pour parents et l'hyperspécialisation des services professionnels.

Est-ce bien sérieux, tout cela? À quoi ressemblent ces formations parentales? Notre époque est-elle à la surenchère éducative? Les parents d'aujourd'hui ont-ils si peu confiance en eux qu'il leur faut recourir à une armada d'experts ? Coup de projecteur sur ces leçons d'éducation à l'usage des parents.

L'ère du *family coaching*

Notre époque est au grand boom des coachs de famille et des ateliers pour parents. Un simple coup d'œil sur la Toile permet de s'en rendre compte : des professionnels (surtout des mères dites expérimentées) et des entreprises de coaching parental se déploient à toute allure sur les territoires américain, européen et asiatique pour prodiguer conseils d'éducation, principes de discipline et répandre l'harmonie familiale. Certains coachs familiaux déferlent dans nos foyers (et notre vie) à la manière des célèbres *super nannies* qui défilent sur nos écrans de télévision. En pleine tempête éducative, à l'écran comme dans la vie, ces éducatrices modernes rencontrent des hommes et des femmes au bord de la crise de nerfs. En mal de patience – et de repères –, la plupart de ces parents semblent déboussolés par les crises de colère de leur petit ange, les négociations incessantes sur tout et rien, son refus catégorique de s'habiller tout seul, de finir son assiette, de dormir dans sa chambre, etc.

Le marketing n'est jamais loin dans la promotion de leurs services. C'est ainsi que certains coachs parentaux n'hésitent pas à afficher la réussite scolaire de leurs enfants comme des trophées, l'inscription de leurs jeunes dans des écoles prestigieuses faisant foi de leur performance. Ils vous promettent de vivre dans la joie et l'efficacité votre rôle de parent afin que le cours de la vie familiale reprenne ses droits. Parce que l'éducation ne s'improvise pas, ces coachs développent leurs techniques éducatives. Ainsi, pour chaque inquiétude des parents, ils ont une explication et une recette. Que l'enfant s'agite trop sur son siège, il faut prévoir une période d'activité avant de chercher à le tenir tranquille. Qu'il résiste à ranger ses jouets, on transforme la corvée en jeu. Et s'il rechigne à faire ses devoirs ? On mise sur les effets du renforcement positif.

Au-delà des recettes prêtes à l'emploi, leur philosophie sous-jacente est d'inculquer un style éducatif démocratique, à mi-chemin entre autoritarisme et laxisme. L'accent est mis sur la complicité et la (douce) fermeté du parent. L'effet est-il garanti ? Difficile à dire. En attendant, il faut savoir que le succès de ces ateliers de parents tient aussi à leur fonction de soutien parental. Espaces d'apprentissage et de solidarité sociale, les parents y trouvent écoute, soutien et réconfort. De quoi briser l'isolement social de bien des mères et pères seuls avec leurs enfants turbulents.

Des *best-sellers* de l'éducation au *hit-parade* des experts

Plus traditionnels, les livres spécialisés sur l'enfance, les magazines grand public pour parents et les guides pratiques d'éducation ont toujours la cote auprès des parents. Ce qui a changé en une génération ? Ils ont envahi les rayons des librairies et les tablettes de nos salons. On les trouve dans les sections santé, psychologie, cuisine, éveil et développement, vie pratique, etc. Qui aurait imaginé, à l'époque des familles nombreuses, que des ouvrages d'éducation ou de psychologie infantile se hisseraient dans les meilleures ventes ? Faut-il que l'éducation des enfants soit devenue une mission à haut risque pour que les parents s'abreuvent de tout sur tout ? Car du premier souffle de bébé aux premiers émois adolescents, tout est abordé et décortiqué pour passer de parents aventuriers à parents avertis.

Ce sont surtout les modes d'emploi qui font recette. Quelques titres pêle-mêle : *Les grandes étapes d'une éducation réussie*, *Parents efficaces*, *Parents épanouis, enfants épanouis*, *Se faire obéir sans crier*, etc. Le souci d'efficacité et de performance prime. La réussite éducative est à l'honneur. Est-ce un hasard si, à côté de ces livres à (et sur le) succès en éducation, d'autres plus alarmistes brandissent les risques et périls liés à l'incompétence (ou à la négligence) parentale ? Certains titres-chocs résonnent comme un avertissement terrible lancé aux parents : *L'enfant sous terreur : l'ignorance de l'adulte et son prix*, *Père manquant, fils manqué*, *Parents toxiques*, etc. Dans ce dernier ouvrage, Susan Forward écrit que « des attitudes, des paroles, des gestes ont pu causer des traumatismes émotionnels avec lesquels, une fois adulte, il faut apprendre à vivre. Ces blessures ont grandi avec l'adulte, modelant sa personnalité et ayant des répercussions dans sa vie familiale, sentimentale et même professionnelle[3] ».

Avec de telles mises en garde, quel (suffisamment) « bon parent » n'éprouverait pas une sourde angoisse devant une aussi abyssale responsabilité ? Quel parent ne craindrait pas, par « des attitudes, des paroles, des gestes », d'infliger des séquelles psychologiques à vie chez son enfant ? Quel que soit l'intérêt de ces livres, leurs propos fracassants agissent en sourdine comme un détonateur d'anxiété parentale. « La liste est longue qui énonce les fautes des parents [...] Les failles de l'éducation familiale sont plus systématiquement relevées et dénoncées », souligne Gilles Lipovetsky, en observateur de nos sociétés occidentales. « Il n'y a plus de mauvais enfants. Rien que des mauvais parents », résume-t-il[4].

Des blogues, des trucs et des astuces

« Bienvenue sur mon blogue ! », « Bonjour, comment ça va chez nous ? », « Que s'est-il passé depuis mon dernier *post* ? »... Une amie me confie qu'elle ne passe pas une soirée sans rédiger un nouveau message dans son blogue de maman. Et que raconte-t-elle à la communauté virtuelle des parents ? « Des nouvelles en vrac, la note de dictée de mon fils, le gala de danse de ma petite princesse, ma dernière recette, les visites médicales, le plus beau château de sable, ma journée olé olé », dit-elle. Tout y passe, de sa vie sens dessus dessous à ses états d'âme, le tout agrémenté de photos de ses têtes blondes.

Entre carnet de bord, journal intime et site informatif, les blogues de mamans (et de bébés) explosent sur la Toile et font fureur auprès des parents internautes. Un petit tour dans la blogosphère et on y trouve un palmarès des meilleurs blogues de mamans de l'année[5]. Colères de l'enfant, rivalité frère-sœur, troubles du sommeil, etc., pourquoi se contenter de l'avis de sa propre mère ou de sa bonne copine

3. Éditions Marabout, 2002.
4. *Le crépuscule du devoir*, Éditions Gallimard, 1992, p. 210.
5. http://annuaire.pro/blog-maman/.

quand on peut avoir accès à l'opinion de la puissante communauté des mamans sur Internet ?

Les forums de discussion sont un autre haut lieu d'échange et de partage pour parents inquiets. Et pour ceux qui sont en quête des dernières actualités et des meilleures trouvailles, le Web est souvent leur première source d'information pour dénicher les bonnes suggestions de sorties[6], une panoplie d'idées de destinations vacances[7], des vêtements et accessoires pour bébé, des créations artisanales, les cours près de chez eux, les soutiens scolaires pour tous les budgets, les fêtes d'anniversaire, etc. Le savoir-faire parental sort-il renforcé de cette utilisation tous azimuts du Web ? Mon amie m'avoue qu'une visite sur la Toile l'incite à en savoir davantage. Beaucoup d'opinions contradictoires. Trop de choix de consommation. Quantité d'affects, aussi. Et de pousser l'expertise parentale encore un peu plus loin !

Des *super nannies* aux parents stricts

Lunettes strictes, cheveux retenus, uniforme classique, la première *super nanny* est anglaise dans la pure tradition des *nurses* britanniques[8]. Devant le succès de Jo Frost à Channel 4, depuis 2004, à la chaîne américaine ABC et à la chaîne canadienne Canal Vie, elle a désormais des consœurs dans le monde entier. Que ce soit en France, en Allemagne, en Espagne, en Italie, en Grèce, en Pologne, en Roumanie, au Brésil, en Israël, au Canada ou aux États-Unis, la *super nanny* incarne partout la nounou idéale qui saura résoudre les conflits et rétablir la discipline dans les foyers en crise. Une émission aux États-Unis l'associe même au numéro des urgences : *Nanny 911*. En Italie, on l'appelle SOS tata !

À la rescousse de parents désemparés, les *super nannies* sont les héroïnes de l'éducation au petit écran. Elles partagent leurs techniques éducatives et traitent les parents comme leurs élèves. Vos enfants sont turbulents ; ils hurlent, tapent et n'en font qu'à leur tête ? Super Nanny

---

6. CitizenKid, le guide pour les sorties d'enfants en ville : http://www.citizenkid.com/.
7. www.familytrip.fr/blog.
8. http://jofrost.com.

débarque chez vous avec sa mallette pleine d'outils éducatifs et réussit l'exploit de transformer une ambiance explosive en une vie familiale harmonieuse. Des millions de téléspectateurs s'inspirent de ses méthodes.

Que les parents d'adolescents se rassurent, ils ont aussi leurs propres émissions de téléréalité parentales. Leurs ados se rebellent, résistent à effectuer leurs tâches, insultent leurs parents ? Un changement (temporaire) de famille s'impose. Ainsi de l'émission canadienne *Parents ou tyrans* sur Canal Vie. En une semaine, des ados indisciplinés vont réapprendre le sens du mot « respect » au sein d'une famille d'accueil incarnant des valeurs strictes. Les sanctions punitives, le renforcement positif et de belles leçons de vie encadrent les journées des jeunes rebelles. Le *happy end* est la seule issue possible de ces émissions de téléréalité. Les enfants se mettent à obéir et les ados retournent chez eux remplis de gratitude pour leurs (vrais) parents.

En cas de panique, les lignes SOS parents

Toutes les ressources sur l'enfance laissent entendre que pour éduquer un enfant, il faut d'abord éduquer le parent. Mais lorsque les pères et les mères ont épuisé toutes leurs ressources, éducatives et personnelles, il leur reste encore un dernier recours : les lignes parents. Quels que soient votre lieu de résidence, le jour ou l'heure, ces lignes téléphoniques assurent un service confidentiel, gratuit et accessible vingt-quatre heures sur vingt-quatre et sept jours sur sept. Des intervenants professionnels ou bénévoles répondent aux parents désemparés ou les orientent vers de nouvelles ressources.

Malheureusement, trop souvent, l'offre croissante de services hyperspécialisés entretient l'insécurité parentale, déjà à son comble. Nombre de parents en difficulté peinent à obtenir un véritable soutien. Combien de consultations finissent sur ces mots : « Madame, monsieur, c'est à vous de prendre les moyens de vous sortir de vos difficultés, je ne suis là que pour vous accompagner » ? relate Agnès Auschitzka. Désertion ou aveu d'impuissance ? L'auteure de *Parents oui, mais pas tout seuls* décrit bien le drame de ces parents en difficulté qui, pour toute solution, se font dire : « Si votre enfant ne veut pas changer, si ce n'est pas lui qui fait la démarche, on ne peut rien faire pour lui[9]. » Parce qu'il ne collabore pas, ses parents sont renvoyés à leurs responsabilités et retournent à leur solitude éducative. Après cette fin de non-recevoir, ils sont invités à développer (encore !) leurs compétences parentales à défaut d'une réelle prise en charge institutionnelle.

Tout compte fait, le devoir de réussir son rôle de parent – ou celui de corriger le tir – n'est pas sans effet culpabilisant. Et les risques d'infantilisation des parents-élèves sont bien réels. L'illusion est au super-modèle éducatif (et à l'expertise parentale), à l'impression de toute-puissance (à parent idéal, enfant idéal) et au mythe du succès garanti (ou du bonheur accompli). Or, à maîtriser le mode d'emploi de l'éducation – pour les nuls ou pour les parents déjà avertis –, rien ne garantit que le père ou la mère saura accueillir l'individualité unique de son enfant. De quoi prendre ces leçons de parentalité avec un grain de sel !

9. Agnès Auschitzka, Paris, Éditions Desclée de Brouwer, p. 19.

Chapitre 3

Les méthodes d'éducation sont-elles en crise ?

Comment savoir si j'en fais assez, trop ou insuffisamment, si je fais les choses comme il faut ou si je ne fais pas la bonne chose ? Voilà une inquiétude largement partagée parmi les parents d'aujourd'hui. Et certains d'entre eux de se précipiter vers une source ou l'autre de « savoir », que celle-ci soit livresque ou professionnelle.

Pourtant, il n'y a pas si longtemps, pères et mères découvraient l'éducation des enfants un peu sur le tas, sur le terrain des essais et des erreurs. Aujourd'hui, l'improvisation éducative augmente l'anxiété parentale, déjà à son comble. La tendance est à l'apprentissage des méthodes éducatives et à l'acquisition de « compétences parentales ». Tout comme les cours prénataux sont présentés (et perçus) comme un passage obligé avant l'accouchement, l'école des parents tend à s'imposer comme une leçon de bonne conduite familiale.

Mais pourquoi tant de leçons éducatives à l'usage des parents ? Sont-ils donc en pleine errance éducative ? Décryptage de ce manque de confiance en soi parentale.

La transmission familiale est-elle en panne ?

Et si ce n'était pas les méthodes d'éducation qui étaient en crise mais les modes et les lieux traditionnels de transmission ? Dans la plupart des sociétés occidentales, les réalités et les frontières familiales se sont transformées et ont bouleversé la fonction de transmission. Traditionnellement, c'était dans la famille, auprès de sa propre mère, voire de sa grand-mère, que les jeunes mamans étaient initiées aux rudiments des soins éducatifs. Pas besoin d'aller bien loin pour être rassurées sur les pleurs du petit, pour apprendre des leçons de leur propre maternité. Certes, des leçons prises parfois avec des pincettes, mais qui avaient le don de dédramatiser des scènes banales de la vie quotidienne.

Seulement voilà, aujourd'hui, beaucoup de jeunes grands-parents, encore très actifs, travaillent, sortent, voyagent plusieurs semaines ou mois d'affilée. Conséquence : ils ne sont pas toujours là pour jouer un rôle de transmission. Et quand ils sont disponibles, il arrive que ce soit le jeune couple qui vive éloigné des parents. Les contacts se distancient, les échanges consistent à se donner des nouvelles, de temps en temps. Du fait des ruptures et des recompositions familiales, de la dissolution du noyau père-mère, la solidarité intergénérationnelle se relâche ; les liens familiaux se font plus lâches. Les membres de la famille (la « famille relationnelle ») se définissent aussi plus individuellement que dans un cadre de perpétuation des rôles (la « famille institution »)[10].

Et puis, quand on n'a pas la même vision de l'éducation – en raison d'une différence générationnelle ou d'une distance culturelle –, on peut préférer se tourner vers d'autres éducateurs : l'enseignant, le pédiatre ou le psychologue. Dans un contexte social où plus des trois quarts des femmes et des hommes travaillent, il arrive souvent que la responsabilité parentale soit partagée entre ces différents professionnels de l'éducation. Pour le reste, on pige par-ci, par-là quelques conseils glanés dans les magazines et les livres spécialisés. Et d'inventer sa propre recette avec les ingrédients qu'on a, pourvu que la sauce prenne.

---

10. Expressions de Jacques Commaille, directeur de recherche au Centre d'étude de la vie politique française.

Des parents investis d'une mission éducative

Et si ce n'était pas uniquement la fonction familiale de transmission qui se modifiait, mais la mission même d'éduquer? Jamais les parents n'ont été aussi sollicités de se poser des questions sur la personnalité de leurs enfants, de faire un travail sur soi pour s'auto-observer dans leur style parental, d'effectuer un examen de conscience de leurs certitudes et de leurs pratiques éducatives. L'air du temps est à la réussite éducative. On se met au diapason des meilleures méthodes éducatives pour réussir son rôle de parent. «Tout pour mon enfant»: telle peut être la devise de ces parents qui se sentent investis d'une mission éducative.

Mais assumer sa mission parentale n'est pas tout. Encore faut-il être à la hauteur de son rôle. Dès lors, pas question d'improviser avec l'éducation des enfants. Devenir mère ou père n'est pas une chose aussi naturelle aujourd'hui qu'hier. L'idée de suivre ses intuitions ne fait plus recette. Les parents veulent encadrer leurs enfants en ayant recours à des bases plus rationnelles. Ils sont pour la méthode et la rigueur en éducation comme ailleurs. Le nouvel enjeu? Mener leur projet éducatif à la perfection. Cette exigence éducative place les parents dans une position élevée de responsabilité envers leurs enfants. Certains vont jusqu'à considérer les succès de leur progéniture comme leurs propres succès. La tentation est grande de s'investir corps et âme dans l'éducation de ses enfants au risque de ne s'autoriser aucune erreur de parcours.

Fait notable: cette injonction personnelle de perfection est renforcée par le rôle socialement magnifié de parent. En ces temps incertains, où les couples se divisent et la sécurité d'emploi devient chose du passé, le rôle de parent demeure souvent l'élément stable d'une vie. Et l'enfant, une valeur sûre. En effet, quand le conjoint passe et s'en va, que son emploi trépasse, reste l'enfant avec qui le parent demeure en relation. De là à investir son rôle parental plutôt que tout autre rôle, cela devient une évidence pour nombre d'adultes qui font du bonheur de l'enfant leur priorité de vie.

La guerre des mères : querelles autour des références éducatives

Dans le choix des moyens éducatifs, les parents ne sont plus sûrs de rien. On dit que le parent sert de premier modèle. Oui, mais voilà, quel modèle parental devrais-je être pour mes enfants ? se demandent parfois les parents écartelés entre des styles contradictoires. Faut-il rugir comme une mère tigre (*tiger mom*) pour pousser ses enfants à réussir, les encadrer strictement à la manière française pour bien les tenir (*the french parenting*), ou laisser faire pour les voir grandir en toute liberté, façon mère lambda ? Les divergences sont de taille. Qu'on en juge par soi-même.

En janvier 2011 paraît aux États-Unis le livre d'Amy Chua, *L'hymne de bataille de la mère Tigre*[11]. C'est tout un système d'éducation à la dure qui est proposé par cette mère, professeure de droit de la prestigieuse Université Yale. La clé du succès en éducation, selon cette femme, repose sur la sévérité assumée, dans la plus pure tradition chinoise. Parmi les principes appliqués à ses deux filles, elle prône de priver les enfants de jeux et de sorties chez des amis, histoire de ne pas détourner leur attention de leur objectif. Il s'agit d'être à la première place dans les classements scolaires, de devancer ses camarades dans des disciplines clés comme les mathématiques ou les sciences, et de se surpasser dans des loisirs élitistes (tels que les cours de piano ou de violon). En passant, elle s'insurge contre quelques idées occidentales. Ainsi de l'idée qu'il est possible d'apprendre en jouant ou qu'on puisse motiver ses enfants en les complimentant. Piquer leur orgueil au vif assure de meilleurs résultats, selon celle-ci, laquelle n'hésite pas à insulter ses filles. L'auteure avoue dans une entrevue qu'elle a pris ses distances avec ce modèle d'éducation chinois très strict. Mais bien peu de lecteurs ont lu son livre sous cet angle.

11. Traduction française chez Gallimard.

La polémique enfle dans les médias américains. Dans les colonnes du *Wall Street Journal*[12], Ayelet Waldman, spécialiste de la parentalité, préconise quant à elle de laisser les enfants dormir chez leurs amis (les parents de ceux-ci font de parfaits gardiens) et de choisir leurs activités extrascolaires dans un rayon de dix minutes en voiture. Quelques mois plus tard, aux États-Unis, sort en librairie *Bringing Up Bébé: One American Mother Discovers the Wisdom of French Parenting* (*Une mère américaine découvre la sagesse des parents français*). Pamela Druckerman, journaliste américaine installée à Paris, fait une découverte : le modèle français de la mère aux manières strictes fait des miracles pour obtenir des enfants bien élevés. Un autre modèle à suivre ?

L'éducation parentale en pleine crise d'autorité

Et si cette apologie de la sévérité était le symptôme d'une éducation en pleine crise d'autorité ? Après des années d'éducation laxiste, inculquer la discipline familiale est devenu un défi de taille pour une majorité de parents. Il faut bien avouer que dans l'esprit de toute une génération, discipline rime avec sévérité, autorité, rigidité. Révisant les exigences éducatives traditionnelles, combien de parents hésitent sur la conduite à suivre devant les crises de colère de leur bambin ? Rien ne va plus avec l'autorité ! Et de se plaindre : il n'écoute plus rien, ne range pas ses affaires, refuse de manger, se montre impoli, crie, s'insurge. Pas étonnant si, au cœur des demandes éducatives, l'enseignement de la discipline est maintes fois abordé. Et les spécialistes d'expliquer que la structure, les consignes et les limites sont à la base d'une éducation encadrée et sécurisante pour l'enfant. Et de rappeler sur toutes les tribunes que l'amour n'est pas tout en éducation[13] ! Éduquer, c'est aussi encadrer, pas seulement cajoler.

Oui, mais voilà, comment dire non à son enfant sans provoquer ses hurlements et s'attirer la réprimande sociale ? Car la crainte de

---

12. Sous le titre « Défense de la coupable, ambivalente et préoccupée maman occidentale ».
13. Notamment Claude Halmos (*Pourquoi l'amour ne suffit pas*, Paris, Éditions NiL, 2006).

traumatiser l'enfant est bien réelle dans les esprits. Révélateur : le débat européen sur le thème « Faut-il interdire la fessée ? » et ses représentations collectives de châtiments corporels, d'intimidation, d'humiliation, de privations, etc.[14]. Écartelés entre style permissif et style répressif, plusieurs piétinent, avançant timidement un pied vers plus de fermeté, reculant de deux pas pour compenser leur sévérité et préserver l'estime de leur enfant. En pleine confusion, ils s'essayent à des stratégies à la fois fermes et souples ! L'utilisation adaptée du « non », de l'incitation, des conséquences, de la réparation est mise de l'avant comme une méthode douce de discipline répondant à la mission première des parents : montrer le bon exemple en étant soi-même un bon modèle pour son enfant.

L'autorité parentale en pleine affirmation de soi

L'autorité parentale est en pleine affirmation de soi. De plus en plus de parents s'estiment qualifiés pour intervenir en dehors de leur champ d'action. Bien décidés à prendre les rênes de l'éducation de leur enfant, certains envahissent le territoire de l'école. On les voit de plus en plus nombreux assister aux associations et aux comités de parents d'élèves. Davantage diplômés qu'avant, certains entendent bien exercer leur droit de regard sur la qualité de l'enseignement, jusqu'à évaluer les choix pédagogiques, la pertinence d'un programme, le bien-fondé de l'évaluation et les bienfaits des méthodes d'apprentissage. Des parents vont jusqu'à bloquer l'accès à l'école pour réclamer le renvoi d'un enseignant jugé indigne. Régulièrement, des enseignants épuisés se disent exaspérés par l'ingérence de ces parents dans la gestion de leur classe. « Ils se croient tout permis », entend-on.

C'est ainsi que certains, particulièrement interventionnistes, décident de l'heure d'arrivée et de sortie de leur enfant en classe, sous prétexte de ne pas le bousculer au réveil ou d'éviter la circulation le

14. Voir l'essai de la psychanalyste allemande Alice Miller, *Libres de savoir*, aux Éditions Flammarion, et celui de Jacqueline Cornet, fondatrice de l'association Éduquer sans frapper, *Faut-il battre les enfants ?*, aux Éditions Hommes et Perspectives.

soir. D'autres n'hésitent pas à dicter la conduite de l'enseignant, à dispenser leur enfant d'un travail ou à réclamer plus de devoirs. Les sorties scolaires deviennent un autre sujet de négociations. Les notes du bulletin sont régulièrement contestées en raison des compétences supposées de leur enfant ou du mauvais effet d'une note dans le dossier scolaire. Autres sujets de discorde: les punitions jugées sévères. La direction d'école dit redouter ces hyperparents qui accusent le personnel de ne rien saisir à la personnalité de leur enfant. Combien de réunions parents-enseignants se transforment en épreuve de force entre ces deux figures d'autorité? Et quand les parents sont absents, ils se font encore sentir à travers la vibration des cellulaires en classe. Généralement, ces hyperparents considèrent que leur enfant mérite la plus grande attention, négligeant le fait que l'attention de l'enseignant doit être partagée entre les enfants de toute la classe.

CHAPITRE 4

Quand la pression sociale s'en mêle et s'entremêle avec les passions parentales

La pression sociale nous ferait-elle perdre tout (bon) sens de la mesure ? Chacun aimerait voir dans ses choix éducatifs le fruit de sa propre volonté. Bien souvent, on croit, en son for intérieur, être seul juge en matière d'attentes parentales. Mais c'est sous-estimer la force d'influence du culte de la performance qui imprègne nos valeurs parentales et diffuse ses exigences jusque dans l'organisation de notre foyer et nos relations avec nos enfants. La pression à l'excellence est si forte que les hyperparents se font un devoir de réussir leur fonction de parents.

Besoin de réassurance ? Désir de gratification ? Esprit de compétition ? Les motivations personnelles qui se greffent à la pression sociale sont diverses et plus ou moins conscientes. Une chose est sûre : les succès des enfants satisfont les ambitions parentales et leur idéal de performance. Petit tour d'exploration sur la manière dont la pression sociale se mêle et s'entremêle avec les passions parentales.

Le règne de la performance et la course à la meilleure maternelle

En ligne de mire des hyperparents : la meilleure garderie pour leur nouveau-né. Pour le reste, la poussette est à l'image de la chambre : la plus belle. La garde-robe de bébé se décline dans tous les tons de bleu ou de rose. Quelques mois plus tard suit l'inscription à de multiples cours : massage pour bébé, aquagym, stimulation sensorielle, etc. Avec leur entrée en maternelle, les parents vérifient les progrès de leur bout de chou et, bien sûr, les comparent à ceux des autres enfants. Coup d'œil furtif sur le dessin d'à côté. Pas question que leur trésor colorie l'image en dehors des lignes quand leur petit camarade est capable de suivre le tracé.

Quand le bambin grandit, cette course à l'excellence franchit une nouvelle étape. « Certains parents livrent une bataille acharnée pour que leur enfant remporte les concours d'admission aux meilleures écoles privées », constate Monique, enseignante québécoise d'une école primaire. Et cette course aux prestigieuses écoles ne s'improvise pas. Les manuels de préparation aux examens d'admission font recette. Autre indice : la multiplication des cours privés et des écoles d'été censés préparer les élèves au fameux concours d'admission.

Après avoir gagné sa place dans une prestigieuse école, encore faut-il la garder. Gare à la faiblesse des résultats scolaires ! Des notes trop basses, et certains élèves se font montrer la porte de sortie de l'école privée. La course continue vers les meilleures universités. Le cheminement scolaire tient du parcours du combattant. À entendre les hyperparents, chaque étape peut s'avérer déterminante pour la suite des études et conditionner l'avenir professionnel. Plusieurs écoles privées célèbrent et récompensent ceux qui se sont démarqués par leur contribution, leurs performances et leurs talents exceptionnels. Ces élèves méritants se voient remettre un prix d'excellence devant une large assemblée d'élèves, de parents, d'amis, de professeurs et la direction de l'école. Pour bien des hyperparents, l'obligation de résultat est la règle. À ce jeu-là, est-ce étonnant si les enfants établissent eux-mêmes une hiérarchie des « bons » et des « nuls » ?

La pression de l'excellence et du zéro faute

Le culte de la performance, c'est aussi la pression à l'excellence, la peur de l'échec et de la médiocrité. Angoissés à l'idée que leur enfant ne soit pas à la hauteur des attentes scolaires (et sociales), des hyperparents le poussent à obtenir les meilleures notes, quand ce n'est pas à devenir le premier de la classe. Dans cet état d'esprit, la moindre rature – entendre le moindre défaut – fait tache dans le dossier exemplaire de leur rejeton. L'esprit de l'hyperparentalité tend à censurer l'échec. Pas le droit à l'erreur ! Voilà le zéro faute monté en épingle. Des notes insuffisantes réveillent la peur de l'échec. La moindre faille fait craindre une faiblesse personnelle. Soyons francs : dans un tel cadre d'exigence, on n'est pas loin de penser que des débuts scolaires difficiles présagent d'un mauvais départ dans la vie. Or, les mauvais débuts comme les faux pas ne sont pas une option envisageable dans ce milieu exigeant, mais la voie de l'exclusion.

Certes, avec l'âge – et l'expérience –, nous connaissons l'importance des essais, les leçons tirées des erreurs, la valeur de l'expérimentation et la relativité de l'échec. Mais quel discours éducatif intègre aujourd'hui l'erreur au processus d'apprentissage ? Même si des chercheurs ont démontré que les faux pas participent à la résolution de difficultés[15], la pression sociale pousse à réussir dès le premier round. La prise de risque est encouragée seulement pour les initiatives couronnées de succès. Demandons-nous : comment, dans un tel contexte, pourrait-on aimer risquer ? Qu'est-ce qu'exercer sa liberté sans la liberté de se tromper ? Quel sens accorder à la réussite personnelle sans échec surmonté ? Le mot « succès » a-t-il seulement un sens hors de nos critères d'appréciation personnels ? Annuler le droit à l'erreur, c'est réprimer la capacité de créer, le désir d'entreprendre, le plaisir et les chances de progresser. C'est pourtant dans ce climat de réussite sans faille ni faiblesse que bien des enfants doivent évoluer au fil de leur scolarité.

L'argument de la crise économique

L'argument de la crise économique conforte les hyperparents dans leur promotion tous azimuts de la performance scolaire. Il faut dire que, ne sachant trop ce qui s'en vient et ce qui s'en va, les parents en général sont particulièrement sensibles au discours ambiant sur la morosité économique. Le chômage qui frappe des jeunes surdiplômés n'est

15. *Figaro santé*, 19 mars 2012.

pas de nature à rassurer les parents inquiets pour l'avenir de leur enfant. D'ailleurs, la crainte généralisée du chômage nourrit aussi les leçons de motivation servies aux jeunes. D'où une certaine crispation autour des résultats scolaires de l'enfant.

Le système scolaire entretient cette inquiétude ambiante. Comme le constate avec lucidité Béatrice Copper-Royer, auteure française de *Vos enfants ne sont pas des grandes personnes*, « dès le CP, en effet, l'idée de "réussir", de "suivre", d'"être au niveau" va venir gâcher la vie de quelques-uns, parents et enfants». Par rapport à la maternelle, «les règles du jeu ont changé ; ce n'est plus du jeu, justement». Avec la liste de prescriptions vient l'évaluation continue de tous les apprentissages. « Pour les parents, ces évaluations, comme les commentaires de l'enseignant qui a la charge de leur enfant, sur son intégration, son comportement, ses performances, sont un regard extérieur inquiétant qui va parfois remettre en question pour la première fois la manière dont ils ont abordé son éducation[16] », note l'auteure.

Et les parents de se transformer en parents d'élève de leur propre enfant. Parfois, la crise des devoirs à la maison transforme la maisonnée en champ de bataille. Évidemment, l'enfant ne se projette pas dans l'avenir, mais il sait, parce que papa et maman l'ont dit, qu'il lui faut réussir s'il ne veut pas dormir dans la rue. Combien de parents ont conscience de projeter leur angoisse sur leur jeune ? Car la dramatisation n'est pas sans effet d'anxiété sur l'enfant.

L'atmosphère ambiante de compétition

Julie a trois activités parascolaires et deux cours particuliers par semaine : cours de solfège suivi de leçons privées de piano, activité de danse, cours de chant et de tennis. Son frère suit le même rythme infernal des activités en fin de journée d'école et la fin de semaine. « Il m'arrive de réviser mes devoirs dans la voiture et, quelquefois, de prendre mon repas sur le chemin du retour, pour gagner du temps et me coucher en rentrant», me dit-il. Sa maman m'affirme vouloir ré-

16. Éditions Albin Michel, 1999, p. 84.

duire leurs activités et le temps qu'ils passent sur la route. Mais (car il y a souvent un « mais ») « il est difficile de résister à ce mouvement. Si je ne suis pas le mouvement, je crains que mes enfants soient à la traîne par rapport aux autres ». Ce parent otage des exigences sociales n'est pas un cas unique. Car au-delà du nombre et de la qualité des loisirs choisis, la compétition se joue aussi entre parents.

Une autre mère me confie se sentir coupable lorsqu'elle entend les autres mamans parler avec fierté des compétitions de natation, quand son propre enfant en est encore à apprendre à nager. Les images de compétition de karaté me reviennent à l'esprit. Alors que j'étais assise sereinement dans les gradins, des mères se tenaient sur le terrain, tout près des limites autorisées, à crier haut et fort pour soutenir l'esprit (agressif) de compétition de leur gamin. À la fin de la journée, elles arboraient fièrement, par quantité d'allées et venues, la médaille de leur enfant à leur cou comme s'il s'agissait de leur propre médaille.

Il faut bien dire que le style de vie des hyperparents est plus à la rivalité qu'à l'épanouissement personnel. Ceux-ci, habitués à se faire demander ce qu'ils font dans la vie plutôt que ce qu'ils aiment faire, adoptent la même attitude avec leur enfant. Ils énumèrent ses activités parascolaires et ses trophées plutôt qu'ils n'évoquent sa personnalité. Et de lui imposer un agenda surchargé d'activités, ponctué de périodes de compétition ! Tout pour se dépasser et se démarquer du lot !

L'environnement marketing : la dictature des marques

Rien n'est trop beau ni trop cher pour votre enfant ! semble nous marteler la publicité. À l'école de la comparaison sociale, le marketing sait nourrir l'envie de faire envie par l'achat d'accessoires hors de prix, de vêtements griffés pour bébé, par l'accumulation de babioles coûteuses, etc. Parents, sommes-nous à ce point influencés par les messages publicitaires ?

En réalité, l'influence est le plus souvent indirecte. Elle passe, en général, par les désirs de notre petite princesse ou de notre petit roi. Ainsi de la fille de mon amie qui soutient mordicus qu'elle est la seule de sa classe à ne pas avoir un sac de cette marque ou encore ce modèle de chaussures dernier cri, si populaire auprès de ses camarades. À la mine soucieuse de mon amie, je sens vaciller toutes ses objections sur les phénomènes de mode et sa résistance au mimétisme. À l'ère du « m'as-tu vu ? », il existe bel et bien une pression de la mode qui s'exerce au quotidien. Dans la cour d'école, des jeunes filles défilent comme sur un podium, affublées d'accessoires et de vêtements griffés. Et de se trouver *cool* dans le regard de leurs camarades.

Entre marketing publicitaire et influence du groupe d'amis, les jeunes sont, en effet, sensibles aux effets de mode. Leur intégration au groupe repose parfois sur leur respect des dictats de la mode. Bien sûr, chacun sait les efforts des publicitaires pour cibler la jeunesse et l'exposer dans leur campagne marketing. Sans doute sommes-nous libres de céder (ou pas) à cet effet de mode. Sauf que l'on sait aussi le pouvoir des marques dans la quête d'affirmation de leur identité et leur désir d'être admis dans un groupe *in*. Combien d'entre nous passons outre à nos valeurs et cédons aux désirs matérialistes de nos enfants pour valoriser leur estime, nous disons-nous ? Et si, derrière le prétexte de les aider à se sentir bien dans leur peau, nous cédions nous-mêmes à la pression de la reconnaissance sociale ? Regardons la réalité en face : des parents dépensent une fortune, chaque mois, en vêtements, chaussures et accessoires d'enfant pour satisfaire leur grand besoin de valorisation sociale.

CHAPITRE 5

L'omnipotence infantile ne cesse de progresser

En quoi les enfants d'aujourd'hui ont-ils tant changé ? Que s'est-il bien passé pour que l'enfant sage d'hier règne aujourd'hui en roi tout-puissant ou en petit tyran sur ses maîtres ? Certes, la place de l'enfant dans la société actuelle n'est plus ce qu'elle était au XIXe siècle. De l'enfant propriété de ses parents, il est devenu sujet à part entière. On le sait doté d'une raison, de désirs et de droits spécifiques.

Seulement voilà, la reconnaissance du statut de l'enfant a pris une dimension nouvelle, toute-puissante et inquiétante, selon les experts. L'omnipotence infantile exacerbe la tendance à l'hyperparentalité, à moins que ce ne soit le contraire. Au quotidien, ce nouveau petit chef dicte sa loi. Soumis au bon vouloir de leur enfant-roi, des parents abdiquent leur autorité devant le nouveau pouvoir des enfants. Et ceux-ci de faire régner la tyrannie de leurs désirs (et caprices) dans tout leur petit monde, et de se transformer en petits tyrans.

Remettons aussitôt les pendules à l'heure : un enfant n'a pu s'emparer du pouvoir sans la permission des adultes. L'omnipotence infantile : la faute des parents, une question d'éducation, ou le produit de la société ? Itinéraire social et culturel de l'enfant-objet à l'enfant-tyran.

De l'enfant-objet, propriété de ses parents, à l'enfant-sujet

Il y a un siècle, le bébé n'était encore qu'un tube digestif. L'enfant, du latin *infans*, était étymologiquement « celui qui ne parle pas ». Il n'avait guère d'autre statut que celui de propriété de ses parents. Et gare à la désobéissance filiale ! Le père avait un droit incontestable de correction. Avant la Révolution française, l'enfant n'avait pas de statut particulier. Considéré comme un « adulte en miniature », selon l'expression de l'historien Philippe Ariès[17], il n'avait pas droit à la moindre considération. On le raillait à propos de sa maladresse. On ne s'en préoccupait pas, tant sa vie était précaire. Il était aussitôt mis en nourrice.

Ce n'est que vers la fin du XVIIIe siècle que l'enfant change progressivement de statut, en raison d'une certaine glorification de l'amour maternel, de nouveaux rapports familiaux fondés sur l'amour et d'une conception de l'éducation à la mode de Rousseau[18]. L'idée s'impose peu à peu que l'enfant a des besoins spécifiques nécessitant des soins propres à son âge. Par exemple, on parle désormais de « maladies infantiles ». Des objets et des meubles sont conçus pour lui.

Au XIXe siècle apparaissent les institutions de prise en charge de la petite enfance. Elles proposent des solutions de garde organisée, privées ou publiques. L'idée de responsabilité parentale est alors montrée du doigt. Et en cas de défaillance parentale ? Des spécialistes de l'enfance voient le jour. Les écoles populaires se répandent et préparent les enfants à leur future vie adulte. Tout cela, et bien plus, contribue à donner une nouvelle image de l'enfant, à lui octroyer un véritable statut et à susciter un intérêt certain pour ce petit être.

L'enfant modèle sage comme une image

Le modèle dominant de l'enfant parfait est celui de l'enfant sage comme une image. Il doit montrer des qualités de maîtrise de soi, de politesse et d'obéissance à l'autorité adulte. À la maison comme à l'école, les

---

17. *L'enfant et la vie familiale sous l'Ancien Régime*, Paris, Seuil, Points L'histoire, 1975.

18. Jean-Jacques Rousseau, *Émile, ou de l'éducation*, 1762.

méthodes éducatives sont autoritaires et les règles rigides. L'enfant n'a qu'à bien se tenir. Assis bien droit sur sa chaise, il sait réciter les leçons apprises sur le bout des doigts. D'ailleurs, il vaut mieux pour lui se protéger les doigts des coups de baguette de l'enseignant. Le regard baissé, l'air humble, l'enfant discipliné apprend vite le respect dû aux adultes.

Les principes de cette époque («les années Guizot», 1833) ont rebuté nombre d'enfants rebelles et anticonformistes, «tyrannisés par leurs maîtres ou rossés par leurs parents», selon les mots de Jules Vallès dans *L'enfant*. Pour faire marcher au pas cet enfant modèle, les punitions corporelles et les humiliations scolaires sont légion. Nombre d'écrivains ont laissé une trace écrite de leur enfance et de ses empreintes psychiques. Citons les célèbres œuvres françaises de François Mauriac, Hervé Bazin, Jean Cocteau, Romain Gary, Nathalie Sarraute, etc.

Il faudra attendre les découvertes de la psychanalyse pour qu'on se préoccupe de l'épanouissement de l'enfant. Françoise Dolto (1908-1988) sensibilisera les parents à l'éducation première de l'enfant, cette période «ineffaçable» de la vie où «tout se joue», puisqu'elle structure sa personne. Avant elle, les découvertes de Freud et de Melanie Klein en psychanalyse éclaireront le développement et la vie psychique de l'enfant, ses besoins affectifs et émotionnels. Et au-delà de ces connaissances nouvelles, ils attireront l'attention sur la vérité interne (et psychique) de chaque personne, le caractère unique de toute personnalité. Il devient peu à peu évident que l'enfant n'est pas un adulte en modèle réduit, mais un être à part entière et une personne à respecter.

L'enfant-sujet et ses droits

D'enfant-sujet, il devient tout naturellement sujet de droit et titulaire de droits. En première ligne de la défense des droits des enfants: le médecin pédiatre polonais Janusz Korczak (1878-1942)[19], lequel innove

19. *Comment aimer un enfant* et *Le roi Mathias Ier*.

aussi par ses principes pédagogiques centrés sur le respect de l'enfant. Il fera évoluer les mentalités sur la sauvegarde de l'enfance et inspirera la rédaction de la Convention internationale des droits de l'enfant, adoptée par l'ONU le 20 novembre 1989 et ratifiée par 192 États sur 194 (à l'exception des États-Unis et de la Somalie).

Dès lors, le discours sur les droits de l'enfant imprègne l'éducation. La discipline dure et autoritaire est mise au placard avec ses châtiments corporels. Autre fait révélateur: des juges consultent les enfants avant de décider d'un choix de garde parentale. Les législations sur l'adoption et les règles de l'état civil évoluent dans les pays occidentaux. Les droits de l'enfant sont si bien ancrés dans les consciences qu'ils deviennent l'objet de revendications et un argument bien exploité. «J'ai bien le droit!» entendent à longueur de journée certains enseignants.

Et de rappeler aux bouts de chou leurs devoirs. Dans leur ascension, la promotion des droits de l'enfant a ouvert la voie à des actions en responsabilité, lesquelles n'épargnent pas les parents. C'est ainsi qu'on a pu voir des enfants attaquer leurs géniteurs en justice afin, notamment, qu'ils honorent leurs obligations d'entretien. Un phénomène qui tendrait à se généraliser au-delà du sol des États-Unis, réputés pour leur judiciarisation des conflits. Un exemple? En Suisse, une structure Juris Conseil Junior (JCJ) conseille quelque trois cents jeunes par année. «Il peut s'agir d'un jeune qui atteint sa majorité et dont les parents exigent qu'il quitte le domicile familial ou refusent de financer les études», souligne la présidente du JCJ[20].

L'enfant-roi, ou le règne de sa loi

Exit la sortie prévue depuis des lustres. La fille de mon amie vient d'en décider autrement. Allez, tout le monde plie bagage parce qu'une gamine de 5 ans a décrété qu'elle n'avait plus envie de cette sortie! À la place, elle déclare qu'elle veut une crème glacée. «Cela ne te dérange

20. Julie Zaugg, «Des enfants qui attaquent leurs parents en justice», dans le magazine en ligne Largeur.com: http://largeur.com/?p=2335.

pas?... » me demande mon amie, un peu gênée quand même (?!) de chambouler tout le programme de la journée parce que sa princesse veut illico une glace. Celle-ci trépigne, tire sur la manche de sa mère, la harcèle. « Mais je dois ranger la voiture dans le garage, ma chérie ! » implore-t-elle. Je brûle d'envie de remettre son bout de chou à sa place (d'enfant). Comment dire à mon amie qu'elle ne peut décommander tout le monde pour le seul bon plaisir de sa princesse ? Je sais d'avance que toute mon exaspération d'adulte ne ferait pas le poids contre le caprice de sa fille. Et la petite princesse d'entraîner son petit monde derrière elle. Je me jure de laisser mon amie à son esclavage à la suite de ce énième épisode de mère captive et soumise.

Explication: si l'enfant-roi fait la loi, c'est que l'adulte l'y autorise. Il dicte à son père et à sa mère ce qu'ils doivent faire pour lui faire plaisir. Car il sait que son bonheur fait celui de ses parents. Alors, dans sa petite tête d'enfant, le mieux est encore de leur dire quoi faire. Avec force effets dramatiques, le psychologue Didier Pleux décrit la prise de pouvoir, progressive, de « ce bourreau domestique[21] ». Ses principales armes ? Le chantage affectif, la domination, la culpabilisation. Habitué à régner sur les adultes, qui ne lui refusent rien, l'enfant-roi impose, plus qu'il n'exprime, ses désirs. Il ordonne, récrimine, boude, se fâche d'impatience, se met en attente de recevoir. Voilà pourquoi l'enfant-roi a si mauvaise réputation. Ses constantes sollicitations fatiguent les plus aguerris. Et pourtant, il est « le miroir de l'adulte contemporain[22] », le reflet des adultes-rois. L'enfant-roi est aussi le produit de la société de consommation centrée sur le plaisir immédiat. Sa tolérance aux frustrations est quasi nulle. Et à force de recevoir, il tolère mal les refus et les délais.

L'enfant-tyran, maître de sa maisonnée

J'ai beau être habituée à ces scènes de crise à la sortie du jardin d'enfants, je demeure éberluée de voir cette petite fille rose bonbon frapper sa mère, les poings serrés. Que lui valent sa colère et ses coups ?

21. Didier Pleux, *De l'enfant roi à l'enfant tyran*, Paris, Éditions Odile Jacob, 2002.
22. Simone Korff Sausse, *Plaidoyer pour l'enfant-roi*, Paris, Éditions Hachette, 2006.

Mon amie vient de lui annoncer qu'elles devaient rentrer à la maison. L'enfant hurle au visage de sa mère, qui n'oppose aucune résistance. La scène devient surréaliste. Je baigne en plein flou éducatif (et culturel ?). Cette femme, adulte et responsable, réalise-t-elle que son enfant lui assène des coups ? Ne voit-elle pas que sa fille a besoin qu'on lui rappelle certaines limites de comportement ? Au lieu de cela, sa mère semble légitimer ce geste de colère. Elle s'empresse d'adoucir la frustration de sa fille par des mots doux. L'effet est nul. Absolument désolée, elle tente une nouvelle manœuvre : « Aimerais-tu une crème glacée à la maison ? » Sa fille consent (enfin !) à se calmer.

J'apprendrai plus tard que cette enfant-tyran terrorise tout son entourage. La paix est achetée avec des litres de crème glacée. Il arrive que l'aîné se sente le devoir de prendre les commandes à la place de ses parents, pour ramener un peu d'ordre et de raison. La psychanalyste Christiane Olivier connaît bien ces situations quotidiennes, qu'elle relate dans son livre *Enfants-rois, plus jamais ça !* [23]. « À force de vouloir leur éviter frustration et mécontentement, les parents font de leurs enfants de véritables tyrans qui ne supportent plus la contrainte et réagissent, face à la contrariété, par l'agressivité et la violence », observe-t-elle. Dans certaines familles, les petits imposent leurs lois aux plus grands. Et c'est ainsi, raconte-t-elle, qu'une « famille finit par ne manger que du poulet rôti et des pâtes ou des pommes de terre », parce que les enfants refusent tout autre régime alimentaire ! Pour la psychanalyste, cette attitude parentale revient à cultiver chez son enfant le sentiment qu'il a le même droit que les adultes.

---

23. Éditions Albin Michel, p. 117.

CHAPITRE 6

Le nouveau pouvoir des enfants n'explique pas tout

Comment en est-on arrivé à cette toute-puissance infantile? « La pomme ne tombe jamais loin de l'arbre », dit le proverbe. Derrière tout enfant-roi, il y a un parent. Nous avons plusieurs raisons de croire que l'enfant-roi est bien la fille ou le fils de ses parents. Nombre de spécialistes de l'enfance déplorent ce phénomène en montrant du doigt l'enfant et son comportement. Une telle déresponsabilisation des adultes laisse songeur.

Faut-il rappeler que l'enfant naît dans la dépendance de l'adulte et grandit sous la direction (bienveillante) de ses parents? Pour que l'enfant occupe la place centrale, il faut que celle-ci soit laissée vacante ou que ce trône soit partagé avec des adultes. La question qui mérite d'être posée est: sur fond de quelle complicité parentale? Il n'y a pas un seul mais plusieurs facteurs qui engendrent et renforcent l'enfant dans son statut de petit roi au cœur de la vie familiale. Explications.

Du désir d'enfant au projet parental

Autrefois, enfanter n'était pas vraiment un choix personnel mais un devoir et la vocation de toute femme mariée. La consommation du mariage ou la nature décidait du moment de la naissance. « La question du désir ne se posait pas vraiment. Qu'elles l'aient voulu ou non, le destin des femmes était d'enfanter. Avec la contraception chimique, [...]

faire un enfant relève aujourd'hui d'une démarche consciente, programmée», note Monique Bydlowski[24]. Il est davantage l'enfant du désir, l'enfant espéré ou rêvé dans un désir d'accomplissement personnel ou d'épanouissement affectif. On entend parfois dire qu'on fait un enfant pour soi, et non pour perpétuer l'espèce, par obligation religieuse ou par nécessité de transmettre son nom ou son patrimoine. De fait, la naissance de l'enfant s'inscrit davantage dans un projet parental planifié et maîtrisé.

Aline me raconte qu'entre le moment où elle a désiré un enfant et celui où son mari et elle ont conçu ce projet, il s'est passé du temps. Il a fallu qu'elle s'informe des coûts liés aux soins et à la puériculture, de la nouvelle organisation et des complications éventuelles, des possibilités de garde, des suivis médicaux, etc. Comme pour Aline, la plupart des naissances sont aujourd'hui prévues et conçues, en un mot: programmées. Or, tout cela n'est pas sans effet sur la manière d'accueillir le bébé. Dès sa venue au monde, l'enfant est investi du puissant désir des parents. Il occupe une place centrale dans leur vie. L'enfant-roi, c'est d'abord ce bébé tellement désiré qu'il retient toute l'attention parentale, au détriment du reste[25] !

Le fœtus-roi : déjà, vraiment ?

Nul besoin d'attendre que bébé naisse pour qu'il occupe une place centrale dans la vie familiale. «Aujourd'hui, même le fœtus devient le roi! affirme la pédopsychiatre Myriam Szejer. Il est au centre de la famille, on parle de lui comme s'il était déjà à table avec les autres. Les femmes se demandent si elles ne sont pas maltraitantes envers l'enfant qu'elles portent dès qu'elles ressentent un peu d'anxiété[26].» Ces futures mères notent les tétées, le poids, les selles, la température comme des données qu'elles donneront à analyser à la moindre inquiétude. «Les mères finissent par se comporter comme des infirmières», estime Myriam Szejer.

---

24. Les *enfants du désir*, Paris, Éditions Odile Jacob, 2008.
25. Muriel Flis-Trèves, *Bébé attitude*, Paris, Éditions Plon, 2005.
26. Boris Cyrulnik, Bernard Golse et Myriam Szejer, *Les enfants d'aujourd'hui*, Paris, Éditions Bayard, p. 21.

Le contexte est à la médicalisation de la grossesse et à la surmédicalisation en cas de procréation assistée. Les examens de santé ponctuent la période de la grossesse afin que bébé naisse « en parfaite santé ». Sous surveillance médicale, certaines mères ne s'imaginaient pas une telle vigilance autour du bébé. Bien sûr, elles se réjouissent de cette préoccupation pour la santé de leur petit. Mais toute cette attention n'est pas sans effet sur la relation mère-enfant, nous apprend Myriam Szejer. Notamment, « elle fragilise la confiance de la mère en elle-même et en son bébé[27] ». Non seulement la mère sent-elle qu'il lui faut démontrer sa capacité, à chaque examen, de faire un enfant en bonne santé, mais elle doute aussi de sa capacité à agir comme une « bonne mère », une mère compétente. Doutant d'elle-même, au service de son bébé, elle préfère suivre les recommandations médicales et les conseils de son entourage. Dans un tel contexte, la relation mère-bébé se retrouve d'emblée soumise à cet impératif du zéro défaut, plutôt qu'elle ne se concentre sur les liens d'attachement affectif. De quoi mettre en question « le leurre que représente la gestion de la naissance quand elle perpétue l'illusion d'une maîtrise qui pourrait s'exercer sur la vie même de l'enfant[28] ».

Le désir de faire le bonheur de son enfant

L'enfant ayant été si désiré, tant espéré et même programmé, l'enjeu éducatif est désormais son épanouissement et son bonheur. « L'enfant du désir, c'est [aussi] l'enfant de la famille privée, intimisée, désinstitutionnalisée, informelle, qui n'a d'autre raison d'être que l'épanouissement affectif de ses membres », analyse Marcel Gauchet[29]. Comme l'explique le sociologue, pères et mères ont toujours souhaité le bonheur de leur enfant. C'est dans la manière de concevoir ce bonheur que les parents ont changé. Auparavant, la mission familiale était de préparer l'enfant à la vie en société afin qu'il y soit heureux, car adapté à ses règles. Aujourd'hui, le bonheur recherché est dirigé vers la sphère

27. *Ibid.*, p. 19.

28. Etty Buzyn, *Papa, maman, laissez-moi le temps de rêver*, Paris, Éditions Albin Michel, 1995, p. 20-21.

29. http://www.meirieu.com/PATRIMOINE/gauchet_individuation.pdf.

de l'intime, le domaine privé de la famille. « C'est le bonheur intime par la protection contre la société », relève Marcel Gauchet.

C'est ainsi que tout est mis en œuvre pour soutenir (inconditionnellement) l'enfant, pour valoriser son individualité et miser sur son estime de soi. On attend moins de lui qu'il s'adapte à la société qu'il n'est attendu de la société qu'elle réponde à ses désirs. « Le soutien inconditionnel des familles d'aujourd'hui à l'égard de leurs rejetons va de pair avec une difficulté constitutive d'accepter la règle de base de la vie sociale qui est l'impersonnalité », analyse le sociologue. Un changement de perspective qui change tout à la finalité éducative. C'est de la sphère privée que l'on attend satisfaction et reconnaissance. Les parents qui se plient au bon plaisir de leur enfant n'espèrent aucune reconnaissance ou gratification de la sphère publique. En ces temps incertains, nombre d'experts s'inquiètent de ce repli sur la sphère de l'intime. La famille devient plus que jamais ce refuge qui protège les enfants des frustrations et des déceptions. Dans ce cocon, les enfants règnent en maître !

L'enfant rêvé, cette projection (idéalisée) de soi

Est-ce une chance d'avoir été un enfant aussi désiré ? Nul doute qu'il vaut mieux naître du désir que par hasard ou à la suite d'un viol. Il reste que le désir d'enfant peut aussi se nicher dans cet autre désir adulte de combler une faille narcissique, de remplir un vide existentiel, de vivre un bonheur par procuration, de donner un sens à sa vie, de réparer des erreurs, etc. C'est même à se demander si certains enfants ne souffrent pas d'avoir été trop désirés. Car à travers leur progéniture, certains parents souhaitent revivre l'enfance idéalisée qu'ils auraient aimé vivre. L'enfant-roi est cet enfant idéalisé, quand il ne s'agit pas de cet idéal de soi, ce double rêvé de soi, en bref, cette image de soi en mieux. Après la joie d'avoir enfanté un si beau bébé, il est espéré de l'enfant qu'il continue d'être celui qu'on attendait.

Dans certains cas, cette projection de l'enfant rêvé peut peser lourd. « Au lieu d'imaginer cette extraordinaire rencontre avec leur enfant, et d'être ainsi à l'écoute des émotions que cette naissance suscite [...], le bébé, une fois né, est censé continuer à se conformer à leurs souhaits pour interférer aussi peu que possible avec leur projet de vie, analyse Etty Buzyn. Il se doit d'être un bébé idéal puisque désiré et né au moment où l'avaient décidé ses parents.» L'enfant porte alors le poids des attentes parentales. Étant parfois enfant unique, ou partageant la fratrie avec un seul frère ou sœur, celui-ci peut ressentir qu'il doit être à la hauteur de ces attentes. La position d'enfant-roi ne va pas sans une certaine pression à se comporter avec les honneurs d'un souverain. Il a la tâche de faire rêver ses parents.

Le parent copain de son enfant

Derrière l'enfant-roi se cache parfois un parent-roi qui se conduit comme l'*alter ego* de son enfant. Dans cette relation copain-copain, le pouvoir (et son trône) est partagé. C'est la génération LOL, en référence au film dans lequel la comédienne Sophie Marceau joue le rôle d'une mère quadra, véritable maman copine et complice de sa fille ado. Les confidences s'échangent comme un vêtement qui passe d'une silhouette fine à l'autre. Les émois amoureux de la fille font écho aux aventures sentimentales de la mère. Elles se jettent dans les bras l'une de l'autre et se disputent avec la même violence émotive que deux adolescentes en conflit. Il y a bien la grand-mère qui tente de rappeler le personnage incarné par Sophie Marceau à son rôle (et à sa place) de mère, mais l'ambiance générale est à la fusion des sentiments et à la confusion des générations. On se dit tout, on rit et on pleure ensemble. On se déchire.

Cette génération d'adultes a même un nom: des adulescents, contraction des mots «adulte» et «adolescent». Le terme désigne de grands ados qui refusent de vieillir, mais aussi des adultes qui s'identifient aux jeunes. Ils souhaitent avoir l'air *cool* aux yeux de leur enfant et des amis de celui-ci. Ils partagent jeux vidéo, maquillage et parfois leurs histoires de conquêtes amoureuses, au risque de brouiller les frontières éducatives et les écarts générationnels. Conséquence: l'enfant est adultisé. Il agit comme un petit homme ou une petite femme avant l'âge. Cet enfant s'adresse souvent aux adultes comme à des *alter ego*. Et s'il est ado, il arrive qu'il se sente en concurrence avec son père ou sa mère. Il n'hésite pas à marquer son territoire en dominant, en menaçant, en provoquant.

Chapitre 7

Ces enfants qu'on voudrait parfaits, artistes, surdoués et sûrs d'eux

Fabriquer des enfants stars, des vedettes en herbe ou des petits génies, est-ce cela l'enjeu majeur de l'éducation ? Qui sont ces enfants héritiers de parents hyper exigeants, lesquels décident parfois de leurs performances jusqu'à leur plan de vie ? Enfants vedettes, futurs artistes, génies en culottes courtes, mini miss beauté, compétiteurs sportifs, ils ont en commun d'être poussés au bout de leurs capacités, à la limite de leur force physique et de leur réserve psychologique, parfois.

Convaincus du talent extraordinaire de leur enfant, les parents hyper exigeants se hâtent de l'inscrire à des cours sélectifs, le pressent de monter les échelons, quitte à écourter son enfance. Pour développer ses potentiels, bien sûr ! Mais aussi pour le mettre de l'avant, lui permettre de devancer les autres enfants et de conserver son avance coûte que coûte. Surstimulés et hyper programmés, ces enfants débutent généralement très jeunes dans un domaine, évoluent vite et deviennent précoces. L'intérêt (supposé) de l'enfant et la préoccupation pour son avenir ont raison des objections parentales. « La vie est ainsi faite ; la compétition est une réalité. Autant qu'il s'y habitue jeune », entend-on. Portrait de ces enfants talentueux.

Le succès des *child stars*

Parfois pas plus hauts que trois pommes et les voilà déjà propulsés sur le devant de la scène, exposés aux feux de la rampe, exploités par le *star-system* : ce sont les enfants stars. De vraies graines de star ! Les parents veulent croire en leur avenir glorieux. Pas question d'attendre que la rose éclose dans la fleur de l'adolescence. La célébrité, ils la veulent et en font manger à leur progéniture à la petite cuillère.

En France, on se rappelle le succès fulgurant du petit Jordy qui, grâce à sa chanson *Dur, dur d'être bébé* (6 millions de disques vendus), devint célèbre du jour au lendemain. À 4 ans seulement, il était alors le plus jeune chanteur au monde. Une célébrité habilement orchestrée par son père producteur et sa mère auteure-compositrice. Aux États-Unis, le phénomène des *child stars* a surtout débuté avec la carrière cinématographique de Shirley Temple, dans les années 1930 et 1940. Remarquée à 3 ans, elle tournera dans une quarantaine de films. Mais c'est sans doute la figure de Michael Jackson qui a le plus retenu l'attention médiatique. Une enfance sacrifiée par son père au nom de son ambition impitoyable. Malgré le succès international de la *pop star*, Michael Jackson conservera des carences affectives et des séquelles psychiques de son enfance sous pression.

Ils sont aujourd'hui toute une pépinière d'enfants stars, coupés de leur cercle d'amis, à passer des auditions, à monter sur les planches, à enchaîner les tournages aux côtés d'adultes professionnels. Dans la catégorie des *child stars*, le drame de l'actrice américaine Drew Barrymore n'est pas passé inaperçu. Enfant de la balle, elle commence à jouer dans une publicité à 11 mois ! Elle décrochera son premier grand rôle à 6 ans dans *E. T. L'extra-terrestre*, dont le réalisateur n'est autre que son parrain. Elle sombrera dans l'alcool et les drogues à 10 ans. Tant qu'ils gardent leur frimousse et leurs mimiques d'enfants, ils nous font rire ou pleurer. Passé l'âge de l'innocence, la plupart rangent leurs paillettes et tombent dans les oubliettes.

Des artistes en herbe

Exceptionnels, ces *child stars*? Une catégorie à part d'enfants de la balle? Erreur, la tendance parentale à vouloir repérer des talents (hors de l'ordinaire) chez leurs enfants dès leur plus tendre enfance s'est répandue auprès de papa et maman Tout-le-Monde. Si l'on en juge par la panoplie d'activités artistiques proposées aux enfants avant 3 ans, il n'y a plus vraiment de limite d'âge pour commencer à s'initier aux arts. L'offre est grandissante d'activités conçues pour les grands mais adaptées pour les tout-petits. À croire que certains parents craignent de passer à côté d'un petit Mozart en devenir ou de laisser inexploités les talents artistiques d'un Picasso en puissance!

Malheureusement, dans ce domaine comme ailleurs, certains enfants sont pris dans les mailles d'un système élitiste et compétitif dès leur plus jeune âge. «Cette rivalité est hélas entretenue par des parents attentifs et aimants qui y voient un processus d'éducation normal et qui ont peur que leurs enfants deviennent des laissés-pour-compte de la société», souligne Donna G. Corwin[30]. Dans l'esprit de ces parents, les enfants «normaux» – entendre dans la moyenne des capacités des enfants de leur âge – risquent de devenir des adultes à la traîne dans nos sociétés hyper sélectives. Qu'un enfant manifeste un intérêt pour un art lui donne ainsi une chance de se démarquer favorablement. En quête de ce petit plus chez l'enfant qui fera la différence parmi ses camarades, certains hyperparents n'hésitent pas à surprogrammer leurs enfants: chant, danse et comédie pour les plus extravertis; musique, peinture ou sculpture pour les plus introvertis. Des leçons particulières s'ajoutent parfois aux cours de groupe, sans oublier les sorties familiales qui se transforment en visites guidées culturelles.

La recrudescence des surdoués

Et s'il était surdoué?, *Mon enfant est-il précoce?*, *Petit surdoué deviendra grand*, *Guide pratique de l'enfant surdoué*: quelques titres pêle-mêle sur la douance des enfants. Les surdoués, c'est bien connu, sont dotés

30. *Op. cit.*, p. 19.

de facultés exceptionnelles dans un ou plusieurs domaines. Chez certains, tout semble leur réussir. D'autres excellent dans une matière scolaire bien particulière ou manifestent un talent ciblé. Ils ont en commun d'être précoces. «Ils ont prononcé leurs premiers mots trois mois et demi plus tôt que la moyenne; près de la moitié savaient lire avant d'entrer à l'école (dont neuf enfants avant l'âge de 3 ans)[31].» On estime que les enfants surdoués ou à haut potentiel (*gifted child*) représentent environ 5 % de la population. Mais ce nombre pourrait bien augmenter tant les parents n'ont jamais été aussi nombreux à trouver leurs enfants plus intelligents que la moyenne et à les soumettre à des tests de QI. La tendance à l'hyperparentalité fabriquerait-elle une génération de petits génies?

Pour Jean-Christophe Torres, «l'explosion des surdoués à l'ère postmoderne n'a sans doute aucun rapport avec d'éventuels progrès de l'intelligence, et il n'y a d'ailleurs nulle raison objective de penser que les hommes [les êtres humains] sont devenus majoritairement plus intelligents qu'ils ne l'étaient auparavant[32].» La recrudescence des surdoués ne serait, selon l'auteur, qu'un symptôme du narcissisme ambiant. La projection narcissique des parents sur leurs enfants les inciterait à surestimer leurs qualités individuelles. «Un véritable marché vient, là encore, conforter et soutenir cette illusion narcissique de l'enfant prodige», note Torres. Il en veut pour preuve la création d'écoles spécialisées dont le nombre est en constante augmentation, au risque de «catastrophes éducatives», selon l'auteur.

Les concours de beauté des mini miss

Depuis qu'elle n'a que quelques mois, Alicia a intériorisé qu'elle doit être la plus belle de toutes. Sa maman, en compétition avec d'autres mères, rivalise d'efforts esthétiques pour que son bébé accroche le regard des membres du jury. Sourire étincelant, regard pétillant, robe

---

31. http://www.scienceshumaines.com/des-enfants-surdoues-70-ans-apres_fr_10203.html.

32. *Du narcissisme: individualisme et amour de soi à l'ère postmoderne*, Paris, Éditions L'Harmattan, 2012, p. 152.

de paillettes, dans quelques heures, Alicia défilera devant un parterre d'admirateurs. Préparer une mini miss à un concours de beauté n'est pas une mince affaire : maquillage professionnel, coiffure et fausses mèches, bronzage artificiel, robe de couturier, fausses dents, etc. Outre son joli minois, il lui faudra démontrer un ou plusieurs talents. Et si sa mère se désole de la maladresse de sa fille sur scène, elle peut compter sur des écoles d'entraînement qui sauront lui enseigner à marcher avec une allure altière, à sourire avec charme, à s'exprimer avec une élocution parfaite, à s'incliner avec grâce et à faire son petit numéro.

Véritables institutions aux États-Unis, certains concours de beauté sont organisés sur un thème particulier : style western, maillots de bain, robes griffées, etc. Ils mettent en compétition des enfants de la même catégorie d'âge : de 0 à 12 mois jusqu'à 16 à 18 ans. Ils durent souvent plusieurs jours, ponctués d'activités d'animation, histoire de souffler un peu. Depuis 2009, une émission de téléréalité leur est même consacrée : *Bambins et Diadèmes* (*Toddlers & Tiaras*). Ces concours de beauté sont très prisés par les mères américaines qui n'hésitent pas à dépenser quelques centaines ou milliers de dollars par concours. Leur motivation avouée ? Préparer leur fille à se présenter en public et à faire bonne impression en société. Autre argument avancé : le fait de se distinguer par sa personnalité augmenterait l'estime de soi de leur enfant. À la clé de ces concours onéreux : trophées, couronnes, bourses d'études, robes pailletées, argent comptant, etc. Faire concourir leur fille peut devenir une occupation à temps plein pour certaines mères qui rêvent au concours ultime de Miss America. Désir de plaire ? De reconnaissance ? De gratification ? Une chose est sûre : leur fille doit être la plus belle de toutes. Pour la gloire de leur enfant, rien n'est trop beau.

Les petits champions sportifs

Le terrain de sport est un autre haut lieu de compétition. À l'école du sport, certains enfants apprennent très jeunes qu'il y a des gagnants et des perdants. Les journalistes français Hubert Allin et Eddy Pizzardini ont enquêté sur ces jeunes athlètes d'élite. Ils dévoilent leur hantise d'échouer, l'obsession de la victoire, la pression au quotidien, la souffrance du surentraînement, l'agressivité sur le terrain, etc. Ils racontent comment des familles entières décident, parfois du jour au lendemain, de s'engager corps et âme dans la carrière professionnelle de leur champion en culottes courtes.

Ainsi du père de la championne française de tennis Marion Bartoli, qui abandonne son emploi de médecin de campagne, puis vend son cabinet médical pour s'investir à cent pour cent dans la carrière sportive de sa fille. Un exemple parmi tant d'autres. Parfois, c'est « la maison familiale [qui] est vendue pour constituer une cagnotte destinée à financer le lancement de carrière de l'enfant », relatent les journalistes[33]. Une vie de nomade commence, au gré des tournois. Souvent, ce sont tous les membres de la famille qui sont mobilisés dans cette aventure collective. Le père endosse l'habit d'entraîneur, la mère celui de responsable de la logistique, les frères et sœurs celui de motivateurs. Une aventure collective risquée, focalisée sur un seul objectif : la réussite du champion. Qu'il se montre à la hauteur des sacrifices et le voilà devenu soutien de famille, l'unique pourvoyeur du cercle familial. La devise familiale « Tous pour un » devient, après le succès, « Un pour tous » !

Quand les journalistes les interrogent sur leurs motivations, l'une des mères répond : « Quand un enfant a des aptitudes, dans le sport, la musique, les études ou le dessin, il est normal de mettre toutes les armes de son côté pour l'aider dans la réalisation de sa carrière. C'est même un devoir des parents d'essayer de l'emmener le plus loin possible[34]. » Sans doute l'intention de ces hyperparents est-elle bonne. Hélas, l'esprit de compétition, poussé à la limite, alimente plus la rivalité infantile qu'elle n'éveille les valeurs du dépassement de soi.

33. *Les enfants stars*, Paris, City Editions, 2007, p. 67.

34. *Ibid.*, p. 85.

Deuxième partie

Quel type d'hyperparent êtes-vous ?

Chapitre 8

Au jeu des sept familles d'hyperparents, un inventaire des styles

Dans le grand jeu de l'hyperparentalité, à quelle famille appartenez-vous ? L'inventaire proposé comporte sept grands profils d'hyperparents. Peut-être vous reconnaîtrez-vous dans l'un ou l'autre de ces portraits grossissants. Peut-être les jugerez-vous, au contraire, caricaturaux. Fortement impliqué dans tous les aspects de la vie de votre enfant, vous vous défendez bien de chercher à contrôler son quotidien. Particulièrement exigeant envers vous-même, aucune de vos attentes de performance ne vous semble excessive pour votre rejeton.

Quel que soit leur modèle éducatif, bien peu de parents s'avouent à eux-mêmes être des hyperparents. Pas de panique ! Il est naturel de défendre ce en quoi on croit le plus. Et puis, toute injonction parentale comporte ses bons côtés et ses bénéfices. Sans compter qu'en matière d'hyperparentalité tout est affaire de degré.

Cela étant dit, quels que soient vos convictions éducatives et votre style parental, il peut être utile pour vous de reconnaître vos injonctions parentales, de les rendre conscientes et de les moduler selon vos véritables valeurs, les besoins de votre enfant et la personnalité de celui-ci.

Les hyperparents, des parents aux idées bien arrêtées ?

« Ces mères avaient, tout à l'intérieur, bien cachés, des peurs et des doutes, mais aussi à l'extérieur des croyances et des passions et des idées bien arrêtées, une volonté de fer et des certitudes inflexibles pour conduire la vie de leur famille sans s'égarer sur des chemins d'incertitudes », écrit Jacques Salomé dans un texte intitulé *Les mères d'autrefois*[35]. Les hyperparents d'aujourd'hui font penser à ces mères d'antan par leur idée toute faite sur la manière d'élever leur enfant, des convictions nettes et tranchées à propos de ce qu'il convient de faire, de dire et d'interdire, des certitudes fortes sur leurs valeurs et leurs croyances. Fait notable : ils donnent souvent l'impression d'avoir des principes bien arrêtés à propos de ce qui est bien, bon et juste pour leur enfant tant ils ne montrent aucune hésitation ni doute devant leurs décisions éducatives.

D'ailleurs, aborder l'éducation des enfants avec eux, c'est risquer de susciter des discussions enflammées. Cela montre bien la virulence de leurs passions éducatives. Il y a ceux qui sont pour ou contre la punition. Il y a ces couples qui se divisent à propos des devoirs faits à la maison. Au jardin public, l'un incitera son enfant à prendre des risques, tandis que l'autre le découragera à grimper à cet arbre. Les divergences de principes éducatifs peuvent secouer aussi les rapports entre parents et beaux-parents. Lors des réunions familiales, certains préfèrent passer sous silence ces désaccords bien réels qu'ils jugent aussi indiscutables qu'irréconciliables. Et chacun de camper sur ses positions éducatives.

Voilà bien l'intention de cette partie : vous donner l'occasion – et vous autoriser vous-même – d'examiner sereinement vos convictions familiales sans culpabilité ni agressivité. Lors de ce jeu des sept familles, vous pourrez cerner d'un peu plus près vos injonctions parentales et prendre conscience de votre style éducatif, avec ses bons côtés et ses excès.

---

35. www.j-salome.com/02-methode/0206.../parents-enfants-04.doc.

Le poids des mots et la force des injonctions

Les mots s'envolent parfois, pas les injonctions énoncées et répétées à satiété. « Dans la vie, on n'a rien sans effort », « On n'est jamais assez prudent », « Veux-tu faire partie des gagnants ou des perdants ? », « Le travail paie toujours », « Le monde appartient à ceux qui se lèvent tôt », etc. Qui n'a jamais entendu ce genre de petites phrases bien pesées dans la bouche de ses parents ? Au-delà des mots, c'est là tout un langage familial enrobé de petits gestes, décliné sous la forme de consignes, de mises en garde, de compliments ou de proverbes devenus slogans. La force de ces injonctions se reconnaît à leur côté systématique. Elles reviennent dans la bouche des parents à la moindre occasion. Elles correspondent souvent à un code moral strict et implicite. Surtout, elles résonnent aux oreilles des enfants comme un commandement, voire une loi suprême. Sous le poids des mots, ils se voient dresser une ligne de conduite dont ils sentent tout le risque de la transgresser. Car une injonction est faite pour être exécutée, sous peine de menaces ou de sanctions.

Bien sûr, la plupart de ces messages parentaux sont inconscients. Ils ont l'apparence d'évidences. Les parents ne réalisent pas la puissance de ces messages et leur force d'influence. Ils reproduisent bien souvent ce qu'ils ont entendu eux-mêmes. « La passion du droit, c'est de famille », déclare cette mère avocate. Tel père, tel fils : il fera, à son tour, les classes préparatoires. La compétition sportive, encore une histoire familiale, croit ce parent sûr de son bon droit. « De mère en fille, on a toujours été combative », lance cette mère comme un jugement sans appel. Une génération est passée, mais sur la scène familiale c'est encore et toujours le même scénario qui se rejoue. D'ailleurs, dans ce scénario bien huilé, il n'est guère envisagé (et envisageable) que l'enfant puisse déjouer le plan familial. Car, disons-le sans détour, les hyperparents n'aiment guère l'idée d'un mouton noir dans la famille. Trop menaçant pour le tout familial. Trop déstabilisant pour leurs convictions personnelles.

Dans les replis des certitudes, au creux de notre histoire

Avant de devenir parents, nous avons été nous-mêmes des enfants soumis aux injonctions de nos propres parents. Nous avons écouté, et parfois enduré, leurs leçons éducatives, leurs messages moralisants et leurs mises en garde incessantes. Parfois, nous avons accepté telles quelles ces injonctions. Nous y adhérions d'autant plus que notre personnalité s'accordait à celle de nos parents ou que nous leur étions soumis, par souci de bien faire, pour faire plaisir ou leur plaire. Mais parfois, elles nous ont tant pesé que nous en avons pris le contre-pied. À notre enfant de réhabiliter l'enfant que nous avons été jadis.

Comme le note si bien Isabelle Filliozat, « tant que les émotions refoulées n'ont pas pu être exprimées et entendues, elles seront actives. Une attitude en opposition à celle de nos parents ne dit que notre colère rentrée envers eux. Elle n'est pas une position éducative rationnelle[36] ». Quel parent n'a jamais réagi avec intensité à un incident bénin ? Une simple maladresse de l'enfant, une attitude de bravade, et c'est l'explosion ! Sa résistance, sa passivité, son attitude soumise ou rebelle ravivent d'anciennes blessures. Parfois, un seul mot et le parent semble frappé dans sa fierté avec la violence d'une gifle reçue en plein visage. Nous pouvons être nombreux à monter sur nos grands chevaux éducatifs et à nous emporter. Nos anciennes peurs ont pris le dessus.

Notons que plus un adulte manque de sécurité intérieure, et plus il marquera son autorité avec des principes rigides. À l'inverse, un parent fragile sur le plan narcissique aura tendance à idéaliser son enfant et à lui trouver toutes les excuses. « Nous cherchons alors à nous comporter nous aussi "pour son bien", à faire ce qui est "bon pour lui", en obéissant davantage à nos certitudes éducatives qu'à notre sensibilité, et ce, d'autant plus que cette sensibilité est plus ou moins enfouie », analyse Isabelle Filliozat.

---

36. *Il n'y a pas de parent parfait*, Paris, Éditions Marabout, 2008, p. 151-153.

Comment vous projetez-vous sur votre enfant ?

Vous attendez de votre enfant qu'il suive vos traces dans la vie, qu'il satisfasse votre ambition personnelle, qu'il demeure fidèle à la tradition familiale ? Vous songez en vous-même que s'il se plie à vos injonctions, il réussira mieux que vous ? Vous avez tendance à projeter vos propres sentiments sur votre enfant ? Demandez-vous ce qui vous motive tant à le pousser en avant, à le mettre sous cloche ou à surcharger son agenda d'activités. Pourquoi vous sentez-vous si préoccupé par ses résultats scolaires ? Quelles raisons avez-vous l'habitude d'invoquer pour justifier vos exigences ? D'où vient que vous soyez si préoccupé de passer pour un « bon parent » ?

Sans doute avez-vous toutes les raisons du monde de lui mettre le pied à l'étrier. Mais il se peut aussi que vous vous projetiez sur votre enfant. Certains parents rêvent leur enfant comme un double d'eux-mêmes, mais en mieux ! Il arrive aussi, bien souvent, que, par réflexe ou automatisme, ils reportent sur leur rejeton les modèles parentaux issus de leur propre enfance. Ils semblent croire que leur petit a les mêmes envies ou peurs qu'eux à leur âge. Du coup, ils confondent leurs ressentis et ceux de leur enfant. Prenons l'exemple de ce père qui, habitué à n'avoir que la seconde place dans sa famille, rêve de voir son fils prendre le premier rôle dans la pièce de théâtre de l'école. Autres exemples. Vous avez le vertige ? Vous trouverez toutes sortes de raisons pour que votre enfant ne fasse pas d'escalade. Vous avez souffert d'être à l'écart à l'école ? Vous vous arrangerez pour que votre enfant soit le plus populaire de sa classe. Dans tous ces cas, le parent considère son enfant comme une précieuse partie de lui. Il projette sur lui ses angoisses, ses rêves, ses doutes, ses ambitions. Et bien sûr il en fait trop, pour préparer son enfant ou réparer sa propre enfance. Il pense faire un bon travail d'éducation lorsqu'il ne fait que le dresser à être ce que lui est ou aurait aimé être.

Accordez-vous un temps de réflexion

Faites l'exercice, pendant une journée ou une semaine, d'observer vos réactions devant le comportement de votre enfant. Peut-être serez-vous surpris de constater que ce qui suscite un vif embarras chez vous n'entame en rien l'humeur de votre conjoint. À une autre occasion, c'est vous, peut-être, qui dédramatiserez un faux pas de votre enfant alors que la même maladresse créera toute une commotion chez un autre parent. Que se passe-t-il?

Au-delà de tel ou tel type de comportement, il en va souvent de nos valeurs intimes, de notre image de soi, de notre perception de notre rôle et de notre place, etc. Car les raisons invoquées ne sont pas toujours les vraies. Derrière nos justifications se cachent souvent nos émotions ancrées dans toute notre histoire personnelle. Même quand nous prétendons nous appuyer sur les dernières théories psy à la mode, nous ne retenons souvent que celles qui font notre affaire, les pratiques éducatives qui se modèlent à notre style et nous vont comme un gant. Pourtant, sans qu'on s'en doute, nos injonctions parentales parlent plus de nous que de nos théories éducatives. Hélas, le poids de certaines injonctions parentales est tel qu'elles peuvent poursuivre une personne bien au-delà de son enfance. Jacques Lecomte parle de « prophéties autoréalisatrices » pour signifier que des projections parentales génèrent, au fil du temps, des scénarios de vie. Voilà pourquoi il est bon de s'accorder un temps de réflexion et de s'autoriser une certaine distance d'observation. C'est l'objectif des portraits suivants. Ils décrivent certains de nos penchants et leurs excès.

CHAPITRE 9

L'hyperparent coach qui stimule trop

L'histoire de Johanne : « La tension monte dans la maison. »

Johanne est une maman qui vit à cent à l'heure et règle au quart de tour l'horaire quotidien des activités de ses trois enfants. Principal trait familial ? Le dynamisme. Chaque soir après l'école, chaque fin de semaine, chaque journée de congé est occupé par une ou des activités. Dans son agenda, il n'y a pas de place pour du temps libre, que Johanne associe à du temps mort, un temps vide et une perte de temps. Elle ne supporte pas l'inactivité, synonyme pour elle de mollesse.

Pour tout concilier, elle soumet toute la famille à des horaires stricts et à une routine rigide. Même son nouveau-né est distrait dès qu'il est éveillé. Dans leur panoplie d'activités, il y en a pour tous les goûts : des cours de sports d'équipe, des leçons privées de musique, des ateliers d'art, etc. Johanne dit souhaiter que ses enfants expérimentent le plus d'activités possible pour élargir la palette de leurs goûts. Elle espère aussi épanouir leur talent naturel dans un domaine particulier.

Mais en grandissant, son aîné montre des signes de fatigue et le cadet manifeste sa résistance en traînant des pieds. La tension monte dans la maison. Johanne craint que si elle allège leur emploi du temps, cette mise en disponibilité n'entraîne ses enfants sur la pente glissante de la paresse ou de la délinquance. En sourdine, elle craint aussi qu'ils ne régressent dans leur apprentissage et perdent leur longueur d'avance. Au fil du temps, plus rien ne semble intéresser ses enfants qui ne souhaitent qu'une chose :

passer du temps avec leurs amis. Néanmoins, Johanne refuse catégoriquement de lâcher du leste.

Type d'injonction : « Toujours plus ! »

Le « toujours plus » est une croyance profondément enracinée chez les personnes hyperactives qui s'épanouissent dans l'action. La conviction qui sous-tend cette injonction est que l'existence est une perpétuelle course et un enchaînement d'activités ou de projets de vie.

Dans ce modèle parental, Johanne manifeste une tendance à l'hyperactivité. Jamais elle ne se pose ni ne se repose. Sa nature hyperactive se double de solides convictions sur le bien-fondé des activités et de leur profusion. En effet, elle est convaincue que les activités sont indispensables au bon développement de ses enfants. La nouveauté ouvre l'esprit et nourrit l'appétit. L'effort dynamise le corps. Les activités favorisent la discipline. Forte de ces convictions, elle les pousse à expérimenter le plus possible. Leur agenda est d'ailleurs surchargé d'activités parascolaires. La vie familiale est effrénée. Que la pression se relâche et elle craint que l'attention se fasse plus lâche. Elle préfère, croit-elle, surenchérir plutôt que fléchir.

Ce style éducatif est très fréquent dans les familles actives, voire hyperactives. Chez elles, le quotidien est rempli (saturé) d'activités programmées, structurées et sociales. La tendance forte, très actuelle, est de collectionner les activités dans une course effrénée pour passer de l'une à l'autre. Certains parents vont jusqu'à changer leurs enfants de camp de vacances toutes les semaines pour qu'ils découvrent un maximum de choses. Ainsi de Jérôme et Valentine qui ont inscrit leur fille unique à pas moins de six activités différentes pendant ses vacances. Cet été, elle enchaîne un camp de musique, puis de tennis, d'arts plastiques, de trampoline, de langue et de découverte nature. Certains enfants d'à peine 12 ans se sont déjà essayés à une vingtaine d'activités différentes. Résultat ? Ils ne vont jamais au bout d'une activité ; ils vivent dans un zapping permanent.

Les bons côtés de la stimulation

Dès sa naissance, le bébé a besoin d'être stimulé pour ressentir des sensations et découvrir le monde qui l'entoure. Le tout-petit porte les objets à sa bouche, joue avec ses mains et ses pieds. Il suit les mouvements des yeux. Il répond à l'intonation de la voix. Un enfant stimulé est un enfant éveillé. Naturellement réceptif, le jeune enfant puise ses sources de stimulation dans tout ce qui l'entoure. « Rien n'arrive à l'intelligence qui ne soit d'abord passé par les sens », écrivait saint Thomas d'Aquin.

Tout petit, l'enfant est sensible aux caresses, aux chatouilles, à la sensation du souffle et aux différentes textures sur sa peau (éponge, tissu, mousse, gel, etc.). Cette sensibilité à fleur de peau influe sur le fonctionnement des systèmes respiratoire, circulatoire, digestif, nerveux, rénal et endocrinien. Le tout-petit est aussi réceptif aux couleurs et à leurs contrastes, aux bruits et aux mélodies, aux intonations de la voix, aux sons des animaux, à votre parfum ou aux odeurs de la cuisine, aux différences de température, aux aliments qu'il goûte, etc. Son petit univers devient un champ d'exploration très riche d'apprentissages et source de plaisirs. En grandissant, un bon dosage de stimulations cultivera sa curiosité naturelle et favorisera le développement de son cerveau.

Les côtés excessifs de la surstimulation

Vouloir stimuler son enfant est une bonne chose. Mais gare à la surstimulation, qui risque de le submerger de sensations et d'émotions jusqu'à saturer ses capacités d'absorption et d'émerveillement.

Quand la stimulation devient-elle de la surstimulation?

Il y a surstimulation quand les sources sensorielles deviennent trop nombreuses, l'excitation trop intense ou trop prolongée. Quand l'enfant ne parvient plus à absorber toutes les stimulations extérieures, il se retrouve sous pression. En surcharge, les stimulations dépassent son seuil de tolérance. Qu'on y songe : les nouveau-nés sont soumis à une kyrielle de stimulations permanentes : hochets, flot de paroles, berceuses, etc. Au bout d'un moment, ils s'agitent, ils n'en finissent plus de pleurer. Il leur faudra alors du temps pour parvenir à se calmer et finir par s'endormir… pour autant qu'on veuille bien leur accorder une trêve de stimulations.

Plus tard, certains enfants sont soumis à une telle frénésie d'activités que des parents sentent le besoin de les pousser, de les bousculer, jusqu'à leur crier de se dépêcher pour qu'ils cessent de traîner les pieds et avancent à marche forcée. Quant aux adolescents, certains ne savent plus par quel bout prendre leur agenda tant ils doivent jongler avec les horaires des cours obligatoires, les à-côtés du petit emploi la fin de semaine, les sorties entre amis et les heures de compétitions. À ce rythme, certains frôlent l'épuisement. D'autres sont malades d'épuisement.

Et s'il était trop stimulé ?

Certains enfants tentent de suivre le rythme, s'accrochent tant bien que mal pour faire le maximum de choses en un minimum de temps, bien sûr ! En une fin de semaine, l'ami de mon fils aura nagé plusieurs longueurs, rangé sa chambre, fait ses devoirs, couru les magasins pour trouver un cadeau, fêté l'anniversaire de son copain. Il se sera fâché et réconcilié avec son frère. Il aura encore tondu la pelouse. Il aura fait sa gamme au piano. Il aura aidé sa mère à sortir les courses de la voiture. Il n'aura pas eu une minute de répit… et la journée ne sera pas encore finie. Trop, c'est trop. Des enfants craquent. Bousculés, pressurés, sursaturés, ils n'en peuvent plus et ne veulent plus rien savoir. La fatigue se mêle au stress et engendre l'épuisement, qui s'installe parfois durablement.

Les signes sensibles et visibles de la surstimulation

Il fond en larmes pour un rien, s'énerve et devient irritable ; il n'écoute plus, se replie sur lui, manque d'enthousiasme… Les signes sensibles et visibles de l'épuisement chez l'enfant sont nombreux. Règle générale, le corps relâche la pression par des pleurs, des cris, des tics. Le mental aussi tente de s'évader, en décrochant son attention, en rêvant et en se coupant des stimuli. Selon la personnalité de l'enfant, il aura tendance à faire sortir le trop-plein ou à rentrer en lui-même. En ce sens, l'agitation peut être un signe de surexcitation. Le repli sur soi est un autre réflexe de protection. L'enfant rentre en lui-même parce qu'il ne peut plus supporter les bruits environnants. L'enfant surexcité et l'enfant épuisé éprouvent la même difficulté à recharger leur batterie d'énergie positive.

Un peu d'introspection

J'ai vu des bouts de chou de 3 ans passer une fin de semaine entière dans les vestiaires d'une salle de spectacle dans l'attente de défiler trois minutes sur scène en tutu et chaussons roses. J'ai entendu un parent me dire qu'il se réveillait tous les jours à 5 h du matin pour amener son fils à son entraînement de hockey. Est-ce bien raisonnable? Demandez-vous : toutes ces activités répondent-elles au désir de l'enfant ou au souhait du parent? Votre tout-petit et vos plus grands prennent-ils plaisir à leur activité ou cherchent-ils à vous faire plaisir? Il n'y a rien d'épanouissant à réaliser une activité à contrecœur ou à enchaîner sortie sur sortie sans temps d'arrêt. Trop de stimulations peut aussi blaser l'enfant, lui retirer tout goût pour la nouveauté et l'inconnu. Un enfant ne cesse pas d'apprendre en grandissant. Pourquoi précipiter tous les apprentissages en écourtant le temps d'apprendre? Mieux vaut cultiver en douceur son goût d'apprendre et d'explorer le monde à son rythme et à sa manière. Une aptitude qu'il conservera toute sa vie.

Pour atténuer la surstimulation et assouplir son style éducatif

Vous estimez vous-même qu'il y a urgence à réduire votre hyperactivité, sauf qu'il vous est difficile de résister au désir de distraire votre enfant ou de l'occuper à tout bout de champ. Pour que cette stimulation soit profitable à tous, il est possible d'alléger la pression des activités sans renoncer à éveiller ses enfants. Voici quelques conseils pratiques pour les parents hyperactifs.

- Évitez de surcharger son agenda d'activités programmées, extérieures et sociales, au risque de le vider de toute énergie. Alternez les périodes d'activités (*on*) avec des périodes de détente (*off*) en les inscrivant à votre agenda, afin que votre enfant puisse visualiser ces périodes et s'y préparer.

- Permettez à votre enfant d'être présent à lui-même au contact de son riche monde intérieur, en le laissant plonger de temps en temps dans les profondeurs de son imaginaire sans trop d'interruptions. Accordez-lui un peu plus de temps pour refaire surface en prévoyant un temps de transition entre les activités.
- Respectez le rythme de chacun. Les couche-tard apprécieront peu d'être bousculés le matin pour suivre un cours. Que dire des lève-tôt qui voient s'éterniser la journée par une ultime activité alors qu'ils ne rêvent que d'une chose : prendre le temps d'intégrer tout ce qui a été vécu dans la journée et de se détendre.
- Évitez de submerger votre enfant de jeux et de jouets. Il ne saura plus où donner de la tête. Optez pour un unique jouet, que vous remplacerez lorsqu'il s'en lassera. Si l'enfant montre des signes de fatigue, changez plutôt d'activité, comme une lecture, une promenade à l'extérieur, un dessin, etc.
- Évaluez le temps que votre enfant passe devant l'écran de télévision ou de l'ordinateur, ou à écouter de la musique, au risque qu'il soit saturé de stimuli ou surexcité par tant de sollicitations, en fin de journée. Réservez-lui un temps de repos avant d'aller dormir.
- Accordez-lui le temps suffisant pour approfondir un sujet, pour se concentrer sur une activité, sans trop d'interruptions, en lui procurant son espace vital dans lequel il pourra se réfugier pour être au calme, comme sa chambre à lui.
- Le bien-être de votre enfant dépend aussi de votre propre calme intérieur. La simple présence du parent peut être apaisante pour le petit. Pensez à vous détendre vous-même, en étant simplement disponible pour votre enfant.

Quand adapter ce type d'injonction à la personnalité de son enfant ?

Le modèle parental hyperactif peut être particulièrement exigeant pour un enfant de tempérament introverti. Quand celui-ci préfère le silence de sa chambre, le parent extraverti s'épanouit dans le feu de l'action. Tout semble les opposer. Alors qu'un tourbillon d'activités étourdit l'introverti dans ses pensées, c'est plutôt l'agitation humaine qui anime l'extraverti avec bonheur. Chacun se différencie dans son besoin de stimulation. L'extraverti se tourne vers l'extérieur, au contact des gens et des événements, pour se ressourcer. L'introverti, d'un naturel plus calme et réfléchi, se tourne vers lui-même pour puiser son énergie et recharger ses batteries. Il peut à loisir laisser vagabonder son imagination, puiser une mine d'idées de jeux. Ses ressources intérieures peuvent être immenses mais insuffisamment exploitées, faute d'espace personnel pour exprimer sa créativité, pour lire, écrire, dessiner, concevoir, conceptualiser, etc.

On reconnaît notamment une personnalité introvertie à ces quelques traits : il écoute plus qu'il ne parle, observe avant d'agir, aime les activités de réflexion ou de création, préfère un petit groupe d'amis à la foule, déteste se sentir bousculé, se fatigue plus vite dans l'agitation. À l'inverse, un enfant (ou un parent) extraverti s'épanouit dans l'action. Orienté vers l'extérieur, il multiplie les occasions de rencontres, carbure à l'énergie. Naturellement actif, expressif et expansif, il se sent comme un poisson dans l'eau dans les activités physiques et collectives.

L'incompréhension entre l'enfant introverti et son parent hyperactif peut être immense tant l'un et l'autre se distinguent par leur comportement et leurs besoins. Bien involontairement de sa part, le parent hyperactif tend à opter pour des activités qui correspondent à son propre mode de fonctionnement. Ainsi propose-t-il plus souvent à son enfant des activités à l'extérieur, alors que celui-ci préférerait peut-être se réfugier à la maison. Autre exemple d'incompréhension : le parent hyperactif insistera pour inviter la moitié de la classe de son enfant à son anniversaire quand celui-ci n'aurait choisi de convier que ses deux ou trois meilleurs amis. Prenant plaisir à motiver ses troupes, ce parent ne comprend pas le manque d'entrain de son enfant. Il ne réalise pas que celui-ci se sent probablement un peu perdu parmi tant de petits camarades qui s'expriment si fort, qu'il ne sait plus où donner de la tête dans ce tourbillon d'activités, qu'il aurait bien besoin d'une petite pause alors que la fête bat son plein.

Le parent hyperactif a bien souvent l'impression d'agir pour le bien de son enfant en le poussant à s'extérioriser. Il pourra même se donner pour mission éducative de le faire sortir de sa coquille. En vérité, sa passivité apparente l'accable. Son goût pour la solitude lui fait craindre pour ses qualités sociales. Ce parent sera d'autant plus convaincu du bien-fondé de son style éducatif que la société occidentale renforce les qualités d'extraversion, contrairement à la culture orientale qui valorise plutôt la sagesse de l'introversion. À la différence de la timidité, de l'anxiété sociale ou de la schizoïdie, l'introversion n'est pas une pathologie qui fait souffrir la personne. Ce n'est pas un manquement mais un tempérament. En voulant « extravertir » son enfant, le parent s'imagine peut-être corriger un défaut, alors que ses tentatives reviennent à vouloir changer le tempérament de l'enfant.

Heureusement, il est possible d'encourager son enfant introverti à faire des activités stimulantes sans nuire à sa personnalité. Ainsi, sachez repérer les centres d'intérêt de votre enfant et encouragez-le à développer ses intérêts propres. Permettez-lui d'observer et de prendre le pouls des lieux avant de se mêler à la foule ou de foncer sur le terrain. Enfin, sachez que même les enfants extravertis peuvent être épuisés par trop d'activités ! Il y a des limites à la stimulation tous azimuts.

L'idéal est de connaître les besoins de stimulation de son enfant. Quelles sont ses activités préférées ? De quelle façon se détend-il ? Votre enfant vous indique qu'il est fatigué ou qu'il souhaite rester tranquille ? C'est signe qu'il a besoin de moments de calme.

CHAPITRE 10

L'hyperparent perfectionniste qui exige trop

L'histoire de Bruno : « Pour réussir dans la vie, il faut exceller. »

« Ce n'est pas si mal ! » Ça, c'est la phrase que Luc aurait aimé entendre de son père Bruno. À la place, il s'est fait dire : « Tu aurais pu faire mieux. » C'est chose courante. Dès qu'il arrive bon deuxième, il est jugé pire que le premier. Bruno lui répète, d'une voix métallique, que s'il veut réussir dans la vie, il lui faut exceller et viser la perfection.

Le père n'est pas seulement hanté par les résultats scolaires de son fils, son désir obsessionnel de perfection porte aussi sur les détails de la vie quotidienne. Il surveille de près l'apparence de son garçon. Ses standards d'élégance sont suspendus comme à un cintre, impeccablement nets et lisses, jamais froissés. Il n'a pas son pareil pour détecter un défaut de fabrication ou une faute de goût, comme s'il s'agissait d'une énorme rature dans un travail soigné.

Malgré la fatigue ou les plaintes de son fils, il devient inflexible. Luc se doit d'améliorer sur-le-champ ce qui peut être amélioré. Son père lui répète que c'est l'une des raisons de son succès en affaires. Pour Bruno, tout doit être parfait, sans ordre d'importance ni hiérarchie dans les priorités. Il décide aussi pour Luc de ce qui est correct dans ses travaux d'école et de ce qui doit être refait, même contre l'avis des professeurs.

Il espère que Luc prendra plus tard les rênes de l'entreprise familiale. Par conséquent, Bruno ne laisse rien passer. Son fils doit faire les choses à sa manière, persuadé qu'il y a une bonne et unique manière de bien faire les choses. Bruno est conscient d'être exigeant, mais il tient à ses exigences. D'ailleurs, le monde moderne l'est de plus en plus, ce qui le renforce dans ses convictions.

Type d'injonction : « Toujours mieux ! »

Ce type d'injonction prononcé avec la bonne conscience d'un hyperparent perfectionniste peut habiter un enfant pendant toute son existence. Cette croyance peut être si forte qu'elle tend à modeler son comportement selon des standards élevés de qualité.

Cette conviction perfectionniste peut suivre un enfant tout au long de sa vie, comme une petite voix intérieure – ce juge interne – qui lui dicte qu'il doit être un employé parfait, un mari parfait, un ami parfait. Les enfants qui auront intériorisé cette injonction peuvent, devenus adultes, adopter plusieurs comportements perfectionnistes. Par exemple, ils souhaitent réussir tout ce qu'ils entreprennent pour se valoriser, se contraignent à se présenter impeccablement pour se sentir acceptés socialement, s'organisent avec minutie pour se rassurer et parer aux imprévus de la vie.

Mais cette injonction peut peser si lourd sur les épaules d'un enfant qu'il peut opter pour la contre-injonction – la perfection n'existe pas – et se fixer pour règle de vie de s'accepter tel qu'il est, quitte à déplaire à certains ou à ne pas satisfaire les attentes d'adultes en position d'autorité.

Les bons côtés du perfectionnisme

Quand un perfectionniste prend en main un travail, on peut s'attendre à ce que celui-ci soit parfait. Ses attentes sont généralement si élevées qu'il excelle dans son travail. Dans la sphère familiale, les parents perfectionnistes ont, souvent, des attentes très élevées de performance, et ce, dans tous les domaines.

Disons-le franchement: dans le domaine scolaire, ils placent la barre très haut. Ils attendent de leurs enfants qu'ils excellent à l'école. Seules les meilleures places leur semblent dignes d'intérêt. Pour parvenir à ces résultats exceptionnels, la plupart n'hésitent pas à mettre tous les moyens pédagogiques à la disposition de leurs enfants. Conséquence positive: poussés par leurs parents à réussir ou animés par le même désir de «performer», ces enfants parviennent souvent à se hisser aux premiers rangs.

L'exigence de perfection s'étend souvent à d'autres domaines, comme l'apparence physique, le savoir culturel, les bonnes manières, etc. Ici comme ailleurs, l'accent est mis sur la qualité. Pour que les résultats soient à la hauteur des attentes parentales, les enfants comprennent très vite qu'ils doivent toujours s'efforcer de donner le meilleur d'eux-mêmes pour réaliser un travail bien fait, faire bonne impression et obtenir une appréciation positive sans concession.

Dans une certaine mesure, le perfectionniste présente de solides avantages: une volonté infaillible de réussir, une détermination à toute épreuve, un désir de dépassement et d'aboutissement du travail accompli, un sens du beau et du détail, le goût de l'effort et du travail, etc. L'injonction «toujours mieux!» est au cœur de bien des exigences professionnelles où la qualité prévaut sur tout autre critère. Autant de facteurs qui favorisent le sentiment d'accomplissement de soi et la fierté du travail bien fait.

Les côtés excessifs de l'exigence de perfection

Avec la meilleure volonté du monde, ces hyperparents souhaitent transmettre à leur enfant le goût du beau et du travail bien fait. Mais, à trop forte dose, l'exigence de perfection peut entraîner certains comportements invalidants et envahissants au quotidien. La peur de l'erreur, l'angoisse de l'échec, le désir de briller, l'obsession du détail, l'horreur des faux pas sont quelques symptômes d'un perfectionnisme excessif. En quoi l'excès de perfectionnisme peut-il être difficile à vivre pour les enfants?

Moi, perfectionniste ?

Bien souvent, la personne perfectionniste s'ignore comme telle. Car ce type de personnalité se présente sous plusieurs traits. Dans son ouvrage *Toujours mieux ! Psychologie du perfectionnisme*[37], le psychiatre Frédéric Fanget distingue trois principaux profils : le perfectionnisme de valorisation, le perfectionnisme d'intégration (ou d'acceptation) et le perfectionnisme de contrôle. Sous le premier trait, la personne se doit d'être parfaite pour se sentir valable. C'est dire qu'elle lie sa valeur personnelle à ses résultats de performance. Elle a besoin de réussir pour se valoriser. Un autre trait de perfectionnisme correspond au souci d'être à la hauteur pour se sentir accepté par les autres. Le jugement d'autrui conditionne l'image de soi. Il faut bien paraître par crainte d'être rejeté, par désir d'être aimé. Enfin, sous le troisième trait, le perfectionnisme pousse à toujours faire du mieux possible dans toutes les situations pour parer à toutes les éventualités. Ce perfectionnisme de contrôle dissimule une tendance à l'anxiété qui pousse à vouloir maîtriser la situation plutôt que de subir les aléas (imparfaits) de la vie.

La perfection, et rien d'autre

Votre enfant se sent-il minable s'il n'a pas réussi avec les honneurs son examen de violon ? Il s'était pourtant préparé longuement, minutieusement. Mais sous le coup du stress, il a trébuché sur deux notes. Depuis ce drame, il ressasse ses erreurs, s'estime nul et éloigne, une à une, vos paroles réconfortantes. Cette quête de perfection est ici néfaste à l'estime personnelle de votre enfant. La pression est trop forte sur ses épaules. Pour qu'il s'estime valable, il aurait fallu que sa prestation soit irréprochable. Il lie son opinion de lui-même à son niveau de performance.

S'il est normal d'être déçu d'une piètre performance, il est exagéré de rabaisser sa valeur propre en fonction de ses résultats. Quelques signes à repérer : il a tendance à se dévaloriser ou à se juger durement, il a l'habitude de dramatiser les échecs relatifs et exagère l'ampleur du

---

37. Éditions Odile Jacob, 2006.

drame, il manifeste une insatisfaction chronique. Autre indice inquiétant: votre enfant montre des signes de stress, de tension et de fatigue. Attention: son besoin d'être parfait est en train de miner sa confiance en lui!

La face visible d'une souffrance invisible

Votre fille ado met beaucoup d'énergie à préparer ses travaux. C'est simple: elle peut passer des heures et des heures à parfaire un travail assez facile, à soigner la présentation de ses documents, à vérifier l'orthographe ou l'information, à lire et relire son document. Et gare à la moindre rature! Sa méticulosité peut l'amener à tout recommencer. Bien souvent, son souci du détail ne s'arrête pas à ses devoirs. Elle met le même soin maniaque à vérifier son apparence, à choisir ses vêtements et à se coiffer soigneusement. Dans le doute – car elle doute beaucoup d'elle-même –, elle opte pour une tenue tendance et des marques connues.

Cette attitude peut masquer un complexe d'infériorité. Contrairement aux apparences, une trop forte assurance ne dénote pas une solide confiance en soi. Le souci (visible) de perfection peut masquer la souffrance (invisible) d'être inférieur aux autres. Pour contrer ce sentiment d'infériorité (et d'insécurité), un adulte peut lutter toute sa vie pour la première place. Pour se considérer comme valable, il lui faut se montrer capable. Le perfectionnisme est un piège, et non un remède.

Le prix élevé du perfectionnisme excessif

Yves, un adolescent de 13 ans, préfère renoncer à présenter son exposé, qu'il juge imparfait, plutôt que de prendre le risque d'obtenir une note moyenne. Car, pour lui, il n'y a pas de demi-succès, ni de demi-échec, de milieu entre la réussite et la rebuffade. Son jugement des autres reflète la même échelle de valeur: d'un côté, les bons; de l'autre, les nuls. Pas étonnant qu'il supporte mal la critique, les reproches, ou même les conseils: tout ce qui peut ébranler son idéal de perfection.

Les perfectionnistes souffrent de leurs exigences disproportionnées. Ils veulent la première place, et rien d'autre n'est assez bien pour eux. Résultat? Ils restreignent leur espace d'exploration et de découverte. Ils n'agissent qu'en terrain connu. Ils n'aiment que ce qu'ils parviennent à maîtriser. Ce type de perfectionnisme peut engendrer des troubles alimentaires, des formes de dépression, un épuisement général, etc. Si c'est le cas de votre enfant, il a besoin de se sentir rassuré et approuvé dans ce qu'il est.

Pour atténuer l'exigence de perfection et assouplir son style éducatif

Cette exigence de perfection, votre enfant l'a probablement héritée de vos propres critères d'exigence. La critique parentale influence directement sa perception de soi. Demandez-vous: est-ce qu'il faut que votre enfant atteigne des sommets pour attirer votre attention, pour gagner votre amour ou pour satisfaire votre ambition? Est-ce ses résultats scolaires qui sont insuffisants ou votre niveau d'exigence qui est trop élevé?

Pour atténuer la pression sur votre enfant liée à votre perfectionnisme, que diriez-vous de placer la barre de vos exigences à la bonne hauteur? La bonne hauteur, c'est celle qui s'ajuste à ses forces et à ses limites. La barre est placée à la bonne hauteur quand l'enfant peut l'atteindre par des efforts progressifs, successifs et raisonnables. Voici quelques conseils sensés.

- Votre enfant lit des romans à la chaîne, mais n'éprouve aucune affinité avec l'esprit scientifique. Est-ce bien nécessaire de lui imposer des heures astreignantes d'étude des sciences pour parfaire ses connaissances? À part le risque de susciter une véritable répulsion pour les formules de chimie, il est peu probable que vous parveniez à forcer un réel intérêt pour une matière éloignée de sa personnalité.
- Dirigez ses énergies et concentrez ses forces sur ce qu'il aime le plus, sur ce qui lui procure plaisir et satisfaction de soi. Une erreur fréquente consiste à vouloir exceller dans ce qui nous fait défaut plutôt que de miser sur nos propres forces.

- Soulignez les progrès de votre enfant plutôt que de centrer votre attention sur ses seuls résultats. Donnez-vous des objectifs réalistes. Gratifiez-le pour ses progrès et pas seulement pour les meilleures notes soulignées à son bulletin.
- Apprenez à votre enfant à voir le côté positif de situations *a priori* désavantageuses. Soulignez les qualités intrinsèques des gens au-delà de leurs acquis ou de leurs avoirs. Ce qui signifie aussi tolérer les défauts humains pour ce qu'ils sont: simplement humains.
- Rassurez votre enfant sur sa valeur personnelle en cas de tentatives répétées et infructueuses. Apprenez à distinguer les faits de votre perception de ces faits. Si les points à améliorer deviennent trop décourageants, orientez-le vers une activité non compétitive ou des jeux dans lesquels il puisera du plaisir.
- Apprenez à votre enfant qu'il a droit à plusieurs essais. Montrez-lui comment chacun d'eux peut être une source de renseignements utiles pour la prochaine tentative. Soulignez ses progrès à chaque nouvelle étape. S'il réussit, vous pouvez augmenter le niveau de difficulté. L'essentiel est d'avancer par paliers.
- Accordez à votre enfant le droit à l'erreur en lui montrant que vous la tolérez comme un fait, sans l'accompagner d'un jugement. Aidez-le à faire la part des choses. Tout n'est pas toujours de sa seule responsabilité ! Il est impossible d'avoir le contrôle sur toute chose.
- Autorisez votre enfant à savourer le plaisir de faire sans obligation de résultat, le simple bonheur de vivre en dehors de tout enjeu de réussite, en dehors de tout jugement, de toute évaluation. Libérez la joie de vivre ! Aimez-le inconditionnellement !

Quand adapter ce type d'injonction à la personnalité de son enfant ?

Vous gagnerez à appliquer ces quelques conseils dans le cas particulier où votre enfant souffre d'anxiété. Bien sûr, il souhaite que vous soyez fier de lui à travers ses résultats. Si ses parents sont des modèles de perfection, la pression peut être à son comble. Seulement, chez les enfants anxieux, le souci de perfection aggrave leur sentiment d'insécurité. Ils peuvent se montrer irritables et stressés. Dans certains cas, ces enfants sont tellement obnubilés par leurs devoirs et autres obligations qu'ils surinvestissent le milieu scolaire. Ils refusent de sortir, délaissent des jeux de leur âge et déclinent les invitations de leurs amis. En un mot, ils s'isolent.

Dans certains cas plus rares, des enfants quittent l'école tant la pression à la performance et l'angoisse de dire des bêtises ou de faire des erreurs leur font perdre tous leurs moyens. De fait, la phobie scolaire est en pleine croissance dans nos sociétés ultra compétitives. Maux de ventre, migraines, palpitations, inhibitions, difficultés de concentration, dépression, hyperactivité sont quelques signes de cette anxiété généralisée.

Les enfants anxieux sont particulièrement perturbés par la peur d'une mauvaise note. Gisèle George, l'auteure du livre *Ces enfants malades du stress*, n'hésite pas à l'affirmer : l'école serait devenue aussi stressante que l'entreprise ! Et les enfants seraient stressés de plus en plus tôt[38]. « Et si, au lieu de leur ordonner d'être toujours et partout les meilleurs et les plus performants, nous les aidions à être eux-mêmes ? » suggère la pédopsychiatre[39]. Par exemple, au lieu de les enfermer dans des étiquettes « bon en math », « nul en sport », si on les aidait à mieux se connaître, à s'accepter avec leurs forces et leurs limites, et à respecter leurs particularités ? À méditer...

38. Voir son entrevue dans l'article « Élèves trop stressés : la faute aux parents ? », *Le Monde*, 13 avril 2009.

39. *Ces enfants malades du stress*, Paris, Éditions Anne Carrière, 2002.

CHAPITRE 11

L'hyperparent compétitif qui s'investit trop

L'histoire de Leïla : « Je n'en reviens pas comme elle est douée ! »

« Je n'en reviens pas de tout ce qu'elle sait à son âge ! » lance Leïla, les yeux brillants, à ses amies. Yasmina, 6 ans, sait notamment compter jusqu'à 100. La veille, Leïla s'extasiait devant la mémoire de sa fille. « Il lui suffit d'entendre à quelques reprises des comptines et elle les retient sans effort. » La remarque peut sembler anodine. Elle ne l'est pas pour ce groupe de mamans, rassemblées devant les portes de l'école, à échanger sur les prouesses et autres exploits de leurs petits trésors. Ce faisant, elles s'informent, s'évaluent, se comparent. Alors que chacune enjolive les progrès de son enfant, Yasmina accourt la première dans les bras de sa mère. « Ma chérie, mon trésor, mon petit génie ! » s'écrit Leïla. Déjà bébé, sa fille était la plus belle, la plus éveillée, la plus douée. Elle tourne la tête vers ses amies qui observent la scène sans commentaire.

Mais avec sa fille aînée, elle montre plus de réserve affective. Leïla s'est tant investie pour qu'elle parvienne coûte que coûte à se hisser aux meilleurs rangs. Prête à tous les sacrifices, sa mère lui a offert des cours de soutien pédagogique, elle l'a assistée dans ses devoirs et lui a enseigné la méthode et la voie à suivre. Seulement, son aînée l'a déçue dans ses attentes maternelles. À peine sa grande fille a-t-elle franchi le seuil de la maison que la question quotidienne tombe aussi sec et net que le poids de la reliure à anneaux sur le sol : « As-tu reçu de nouvelles notes ? » questionne Leïla.

La réponse de sa fille aînée déterminera l'humeur maternelle et l'ambiance familiale pour toute la soirée. « Heureusement que Yasmina est plus réceptive et reconnaissante de mes efforts », songe Leïla qui place ses espoirs de grandeur en la dernière.

Type d'injonction : « Sois le meilleur ! »

« Sois le meilleur ! » Cette devise résonne comme une obligation parentale et tinte aux oreilles de l'enfant comme un commandement suprême. Ce type d'injonction parentale est souvent associé à des attentes irréalistes envers l'enfant.

Par loyauté ou par obéissance, il arrive qu'un enfant se plie à cette injonction. Une simple petite phrase qui peut aller jusqu'à lui forger un destin. En toute chose, il lui faudra accéder à la première place, quitte à en être malheureux, pourvu que l'honneur soit sauf. Il puisera dans cette injonction une force de dépassement et de détermination, quoi qu'il lui en coûte.

Mais un autre enfant pourrait choisir de refuser le poids de cette injonction en l'interprétant comme le souhait de ses parents plutôt que comme une loi suprême. Il n'aura de cesse de se libérer du poids de cette commande qui lui pèse plus qu'elle ne l'aide à se construire.

Les bons côtés d'un sain esprit de compétition

« Wouah ! Papa, maman, c'est moi qui ai marqué le but ! » s'exclame cet enfant qui s'est démarqué sur le terrain. Une joie simple et un élan de fierté de l'enfant heureux d'avoir réussi un bon coup et d'avoir fait gagner son équipe.

L'esprit de compétition a ceci de bon qu'il stimule la personne à donner le meilleur de soi. L'entraînement lié à la compétition pousse l'individu à se dépasser, à aller au-delà de ses limites personnelles. Elle développe la persévérance et le courage. Elle augmente la confiance en soi et en ses capacités.

Un sain esprit de compétition incite au respect de ses coéquipiers dans la reconnaissance de leurs propres efforts pour faire de leur mieux. Un sain esprit de compétition valorise l'esprit d'équipe. La volonté de gagner est alors mise au service du groupe. La victoire est collective, l'effort commun, et les émotions partagées.

Cet esprit de compétition est sain, car il est constructif et épanouissant. L'enfant intériorise les valeurs liées à la compétition: endurance, persévérance, respect des règles, considération des adversaires, reconnaissance des forces de chacun, esprit de solidarité entre membres d'une équipe, etc.

Les côtés excessifs de la compétition

«Que le meilleur gagne!» est votre devise familiale. Vous avez tendance à comparer votre enfant aux autres pour le motiver et le pousser à exceller. Le désir de voir son rejeton se dépasser et se démarquer des autres jeunes est certes louable, à condition de respecter ses besoins, ses motivations et ses réelles capacités, en un mot: sa personnalité unique.

Dis-moi qui est le meilleur parent…

Être la meilleure mère et avoir le meilleur enfant: la nouvelle compétition à la mode? En réalité, elle a toujours existé, même si elle a pris des formes nouvelles. Déjà, à l'époque où une majorité de femmes étaient mères au foyer, elles se faisaient un point d'honneur de montrer aux autres mères que leurs enfants étaient plus polis que la moyenne, savaient mieux se tenir et bien se présenter par les manières apprises, les vêtements propres et un langage irréprochable.

La comparaison tourne aujourd'hui autour de nouveaux critères: les prouesses de nos enfants dans une société hyper performante. La rivalité entre parents a trouvé de nouveaux terrains de comparaison. Essentiellement, le choix d'une prestigieuse école (ou garderie) est devenu la porte d'entrée vers la cour des grands. Les compétitions sportives sont devenues la norme. Les vêtements haut de gamme s'étendent au rayon bébé. Les camps d'été huppés font fureur. Le nombre de diplômes et la quantité de bourses de mérite donnent fière allure aux plus âgés. Les médailles et les trophées sont distribués comme des petits pains pour… le plaisir des parents. L'abondance des jouets et des activités est devenue la nouvelle norme. Jamais l'enfance n'aura constitué un tel investissement.

« C'est plus fort que moi, je le compare aux autres »

« Enfin, il marche ! » exprime ce papa. Voilà de quoi se réjouir. Mais pas pour ce père qui compare son enfant aux autres de son âge qui, eux, ont déjà fait leurs premiers pas depuis longtemps. Cette réaction vous semble exagérée ? Pour les parents à l'esprit compétitif, il est normal de réagir ainsi. C'est plus fort qu'eux, ils ne cessent de comparer les enfants entre eux. Déjà, à la naissance de leur petit, ces parents anticipaient ses performances en les comparant à celles des autres.

La comparaison sociale n'est pas étrangère à la pression sociale. Quel parent ne s'est jamais inquiété du classement de son enfant ? Confrontés aux commentaires extérieurs, combien de pères et de mères se sentent vulnérables ? Pour se rassurer, la tentation est forte de comparer son petit aux autres et de se mesurer aux autres parents. Plus le parent est sensible à la pression sociale, plus il soumet son enfant à la pression d'être parfait.

La comparaison peut nuire à nos enfants

Que se passe-t-il dans la tête de votre enfant quand vous le comparez sans cesse aux autres ? Il y a de fortes chances qu'il se mette à envier les meilleurs éléments, ou les plus chanceux. Une autre réaction prévisible est qu'il se jette tête baissée dans une lutte (sans fin) à la compétition. Dans le meilleur des cas, il respectera les règles du jeu. Dans le pire des cas, il se dira que tous les moyens sont bons pour l'emporter. Supposez que l'enfant en vienne à penser que la fin justifie les moyens, il n'y a plus de limites aux comportements immoraux et égoïstes. Après les croche-pieds dans la cour d'école, il pourrait bien en venir à écraser ses collègues ou tous ceux qui voudront se mettre sur sa route. D'autres souffriront toute leur vie d'être « moins que... », de se sentir moins valables. Résignés à cette perception extérieure, comme à un fait objectif, ils nourriront un sentiment d'infériorité (ou d'indignité).

Et si on leur apprenait l'esprit d'équipe plutôt que l'esprit de compétition? Si on leur enseignait que la compétition s'arrête lorsqu'on cherche à gagner *contre* les autres?

Faites-vous des différences entre vos propres enfants?

Malgré vous, vous avez peut-être tendance à favoriser un enfant par rapport à l'autre. Vous faites remarquer ses talents à qui veut bien l'entendre. Vous soulignez chacun de ses bons coups. Seulement voilà, de ces compliments et de ces encouragements, il n'y en a que pour un. Inévitablement, vous créez un enfant préféré dans la famille. Votre manie de les comparer l'un et l'autre peut accabler celui qui est désavantagé à vos yeux. Sa seconde position peut être extrêmement préjudiciable à son estime de soi. Votre perception dévalorisante peut peser lourd sur son image de soi.

Même si cela n'est pas dans vos intentions, sachez que vous suscitez par vos comparaisons un esprit de rivalité entre vos petits. Car chaque enfant cherche l'attention et l'amour de ses parents. Disons-le clairement: votre esprit de compétition dépasse ici les bornes du raisonnable. Chaque enfant devrait être reconnu dans son identité et ses points forts. Le fait de se sentir aimable, valable et capable l'aidera à s'attribuer lui-même une valeur.

Quand la compétition entraîne la pression ou l'insatisfaction

À ce jeu de comparaison, on risque de demeurer d'éternels insatisfaits tant on trouvera toujours plus qualifié, plus talentueux, plus beau, plus riche, plus chanceux que soi. La comparaison sociale est un puits sans fond d'insatisfactions. Elle condamne l'individu à se sentir insuffisant ou à se mettre une immense pression pour rester au sommet et réussir à tout prix. Dans ce domaine, la dévalorisation de soi ne vaut guère mieux que la surestimation de ses compétences. Nombre d'enfants élevés sur un piédestal vivent, à l'âge adulte, isolés dans leur sentiment de supériorité. Hélas, trop d'adultes forcent l'esprit compétitif sans tenir compte du désir de l'enfant d'entrer en compétition avec les autres, ni de son rapport aux autres. Dans le cas d'un enfant plus créatif que compétitif, il puisera davantage ses ressources dans son monde intérieur que dans la lutte de pouvoir.

Pour atténuer la pression compétitive et assouplir son style éducatif

« Vois comme Isabelle joue bien », « Ton frère réussit mieux que toi », « Pourquoi ne travailles-tu pas autant que lui ? », « Ta cousine a de la volonté, elle ! ». Difficile pour un enfant de résister à la pression de la compétition dans cette ambiance familiale. Cet esprit (agressif) de compétition se transmet aussi facilement qu'une grippe peut être contagieuse.

Demandez-vous : qu'attendez-vous exactement de cette rivalité permanente ? Vous sentiriez-vous humilié que votre enfant ne se montre pas à la hauteur de vos exigences ? Le jugement des autres parents est-il si important ? Qu'est-ce qui vous importe le plus : que votre enfant soit une bonne personne ou qu'il devienne un prédateur en herbe ? Que préférez-vous : être heureux ou être un gagnant ?

Pour atténuer la pression sur votre enfant liée à l'esprit de compétition, il est temps de revenir aux règles d'une saine compétition, à défaut de pouvoir abandonner tout esprit de rivalité.

- Examinez votre propre comportement lors de compétitions. Demeurez-vous en retrait ? Encouragez-vous votre enfant positivement, ou l'incitez-vous à gagner en le poussant à l'agressivité ou à l'intimidation ? Votre style risque de rejaillir sur lui. Si vous êtes une personne dominatrice ou intimidante, il y a de fortes chances que votre enfant adopte le même comportement écrasant envers les autres.
- L'un de vos enfants partage votre instinct de battant et l'autre pas ? Attention de ne pas élever le premier au rang de préféré de son parent, le favori en qui tous les espoirs sont mis. Votre enfant n'a pas à suivre votre modèle. Chaque enfant a sa personnalité et a droit au respect.
- Libérez votre enfant du schéma de pensée selon lequel il y a toujours un gagnant et un perdant. Comme vous le savez, le sentiment d'accomplissement personnel a peu à voir avec les critères extérieurs de réussite. Autorisez votre enfant à devenir lui-même.

- Mettez en valeur les points forts et les intérêts particuliers de votre enfant. Non seulement il se sentira apprécié pour ce qu'il est vraiment, mais il apprendra aussi à exploiter ses forces, à puiser dans ses intérêts propres et ses ressources personnelles plutôt que de poursuivre des chimères.
- Privilégiez les messages positifs (« Tu as très bien joué. ») plutôt que les messages comparatifs (« Ton ami a mieux joué que toi. »). Les premiers mettent l'accent sur ce que l'enfant a particulièrement réussi. Les seconds contiennent des jugements de valeur et, insidieusement, sont porteurs d'approbation ou de désapprobation parentale.
- Aidez-le à développer des projets personnels qui correspondent à ses intérêts. Donnez-lui l'occasion d'apprendre qu'il peut réussir et être satisfait d'un projet personnel sans toujours en attendre une récompense, un prix ou une médaille.
- Soyez sensible à la personnalité de votre enfant. Certains jeunes progressent davantage quand on leur explique les choses, quand on leur parle avec douceur et quand on s'occupe d'eux avec bienveillance. La curiosité est aussi un puissant moteur pour encourager certains enfants à aller de l'avant.
- Faites attention à l'effet dévastateur de certaines croyances énoncées comme des lois absolues, par exemple : « Tu ne réussiras jamais si tu es second. » Inculquez plutôt à votre enfant le goût de se réaliser en apprenant à se connaître et en développant ses qualités sociales.

Quand adapter ce type d'injonction à la personnalité de son enfant ?

Vous auriez avantage à examiner vos motivations à gagner et à envisager la possibilité que votre enfant n'ait pas un esprit de compétition. Si ce dernier est particulièrement sensible, sociable et empathique, qu'il manifeste une intelligence émotionnelle dans ses rapports aux autres, il serait préjudiciable de chercher à développer chez lui un instinct de lutteur.

Peut-être votre enfant est-il même du genre à fuir la compétition. Dans ce cas, il peut souffrir de ces comparaisons incessantes avec ses amis, ses cousins, les enfants des voisins, etc. La volonté de se surpasser peut se passer des comparaisons. Votre enfant a surtout besoin de développer ses propres talents dans le respect et la reconnaissance de ses différences.

CHAPITRE 12

L'hyperparent gâteau qui gâte trop

L'histoire de Victor : « Je ne lui refuse rien. »

Mon amie en est restée pantoise. Elle n'avait jamais vu Victor aussi dépensier. Elle ne l'avait jamais connu papa non plus ! Depuis ce jour-là, aucune dépense n'est assez folle pour sa petite princesse. Avec son sac à main dernier cri, ses chaussures hors de prix et son collier de fausses perles, elle a l'allure d'une mini star. Et avec son sourire désarmant, tout ce qu'elle veut, elle l'obtient. Victor ne sait pas dire non et ne cherche même pas à résister. « C'est ma fille ! Je ne lui refuse rien », s'exclame-t-il. Quand sa petite poupée est née, sa chambre avait déjà tout d'une photo de catalogue publicitaire. Les peluches et les jouets recouvraient le parquet. Aujourd'hui, sur les murs aux dégradés de rose, des photos de ses personnages animés préférés.

Mon amie n'en finit pas de me rapporter la transformation de Victor. Lui, d'ordinaire si critique envers les valeurs matérialistes, s'est trouvé un deuxième emploi pour augmenter ses revenus et... l'avalanche de cadeaux. Car Victor ne veut rater aucune occasion de démontrer son affection à sa fille. Mon amie me raconte dans les détails la somptueuse fête qu'il a organisée en l'honneur de ses 10 ans : des cartes d'invitation, la réservation de la piscine, un animateur, des sucreries, des décorations de fête, des sacs surprises et autant de jouets que sa fille compte d'années ! Il ne manque que le diadème sur la tête de cette enfant gâtée ! Mon amie est outrée par cette débauche de jouets et de sommes investies. Pour ma part, j'observe que Victor est ravi de pouvoir lui offrir autant de cadeaux, tandis que sa fille semble déjà blasée par ses nombreux jouets.

Type d'injonction : « Sois heureux ! »

« Sois heureux ! » est l'injonction typique des hyperparents gâteaux qui veulent faire plaisir à leur enfant. Seulement, leur penchant à couvrir celui-ci de biens matériels est révélateur de leur conception du bonheur. Pour rendre heureux leur enfant, il leur faut lui faire plaisir, croient-ils. Cette injonction suscite une disposition d'esprit à posséder davantage pour être plus heureux.

Si l'enfant fait sienne cette injonction, il aura à cœur d'acquérir des biens pour satisfaire ses désirs ou ceux des autres. Convaincu qu'il lui faut avoir pour être bien vu ou pour faire plaisir, il ne cessera d'évaluer sa valeur personnelle en fonction de son pouvoir de consommation.

Mais il est possible qu'un enfant excessivement gâté par ses parents rejette aussi ce modèle parental pour mettre l'accent sur les relations sociales, la qualité des liens avec les autres, certaines valeurs immatérielles, humaines ou spirituelles. Il préférera être apprécié pour ce qu'il est plutôt que pour ce qu'il possède.

Les bons côtés de la générosité

Victor est représentatif des hyperparents gâteaux. L'extrême générosité à l'égard de leur progéniture est un trait distinctif de ce type de parents. C'est ainsi que Victor donne sans compter à sa fille pour le simple plaisir de lui faire plaisir et de la rendre heureuse. Sa frimousse réjouie et ses yeux qui brillent en sont la principale récompense.

Certes, donner est une façon de démontrer son affection à son enfant. Les personnes généreuses sont souvent des êtres bienveillants soucieux du bien-être de leur entourage. Souvent extrêmement dévoués, ces hyperparents gâteaux nourrissent leur enfant de soins, d'attention, de tendresse, de distractions et de biens.

De façon générale, les familles d'aujourd'hui sont plus centrées sur l'épanouissement de l'enfant que sur les devoirs. La vie familiale tourne davantage autour des plaisirs que des idéaux ou des obligations. L'ambiance familiale est généralement affective, distrayante et rassurante.

Les côtés excessifs de la satisfaction des désirs

Qu'il est agréable de voir la mine réjouie de l'enfant dont on satisfait la demande ! Mais même si l'intention est bonne, attention de ne pas trop céder à ses caprices. Il y a un bon usage de la générosité. À toujours craquer devant son petit minois attristé, on risque d'engendrer un enfant capricieux, puis un ado pourri gâté, et enfin un adulte à qui le sens du travail, de l'effort et du mérite fait cruellement défaut. On reconnaît les hyperparents gâteaux au fait que leur générosité dépasse les bornes du raisonnable.

Pourquoi peut-il être néfaste de combler tous les désirs de l'enfant et de le couvrir de biens matériels ?

Gavé de jouets, étouffé de baisers et de cadeaux

C'est un fait : nous vivons dans une société de surconsommation dans laquelle il est bien vu de se faire voir et de bien paraître. Combien d'enfants ont obtenu de leurs parents qu'ils leur achètent un cellulaire ou le dernier sac à la mode « parce que tous mes amis en ont un » ? Avec force marketing, la publicité mise sur nos désirs narcissiques. La culture ambiante est à l'immédiateté des désirs et à la profusion des plaisirs. C'est tout, et tout de suite !

Hélas, des parents s'étonnent de la réaction désabusée de leurs enfants sans réaliser qu'elle fait écho à leur générosité démesurée. À peine le cadeau déballé, il est délaissé dans un coin de la pièce. Les jouets s'amoncellent dans leur chambre comme un tas de linge sale. Résultat : on retire toute valeur au cadeau, on dévalorise toute la portée du don. Le risque de trop donner est de gaver nos enfants d'objets non désirés et de les lasser de notre bienveillante générosité. Sans compter que l'enfance gâtée n'est pas toujours un avant-goût de la vie adulte, lorsque l'enfant devra apprendre à compter précisément. « Ces parents croient que plus ils guideront, plus ils aimeront leur enfant et plus ils lui donneront, et plus il sera heureux. Pour eux, l'amour, c'est: les repas préparés, l'argent dépensé, les soirées passées à faire leurs devoirs et les privilèges matériels offerts en cadeau. Pour eux, aimer, c'est adoucir le parcours présent et futur de leur enfant», écrivent avec lucidité les auteurs de *Ces parents qui aiment trop*[40].

Offrir des présents faute de sa présence

La générosité naturelle de l'hyperparent gâteau n'est pas toujours le seul moteur de sa propension à satisfaire tous les désirs de son enfant. La culpabilité agit parfois en sourdine pour l'inciter à donner toujours plus. Ainsi de ces parents accaparés par leur travail qui tentent de compenser leur absence auprès de leur enfant par une profusion de présents. Ainsi de certains parents qui tentent de combler une carence affective par des biens effectifs.

Il faut savoir qu'il peut être plus facile, pour certaines personnes, de donner matériellement que de s'épancher émotionnellement. Habituées à réprimer leurs émotions, elles trouvent ce moyen de démontrer leur affection à leur enfant. Vous croyez que ce réflexe d'ouvrir son portefeuille plutôt que son cœur ne concerne que des gens fortunés? Détrompez-vous. Certains vivent dans un milieu privilégié matériellement, mais pas toujours. Il arrive que des parents se privent du nécessaire pour offrir du superflu (des biens superficiels) à leur enfant, comme cette mère chef de famille monoparentale, au seuil de la pauvreté, qui veut offrir une console à son enfant alors qu'il aurait besoin d'une paire de chaussures. La crainte (coupable) qu'il manque quelque chose est un puissant moteur pour gâter l'enfant outre mesure.

Faire plaisir pour se faire aimer

La perpétuelle quête d'amour de certains parents a raison de toutes les objections à plus de mesure. Bien sûr, ils connaissent leur petit pen-

---

40. Laurie Ashner et Mitch Meyerson, *Ces parents qui aiment trop: la difficulté de lâcher prise et ses conséquences*, Montréal, Éditions Stanké Parcours, 2000, p. 52-53.

chant à gâter leur enfant. Ils savent leur résistance à le contrarier et souffrent le martyre à le frustrer. Ils sont conscients qu'ils se font manipuler par les sentiments. Mais c'est plus fort qu'eux, ils souhaitent faire plaisir et lire la gratitude sur la frimousse de leur petit. Il est possible que, par ces moyens, ces parents cherchent à gagner son affection. Ils semblent dire: «Vois comme je suis généreux avec toi.»

Pour conforter son point de vue, l'hyperparent gâteau considère que l'enfance est le temps de l'insouciance que rien ne devrait contrarier. Il associe en pensée une belle enfance et une enfance choyée. En vérité, cet adulte qui gâte tant son enfant peut, inconsciemment, chercher à réparer les privations de sa propre enfance. À travers son rejeton, c'est à lui qu'il fait plaisir. Confronté à la pauvreté matérielle ou affective dans son jeune âge, cet adulte souhaite ardemment faire profiter son petit de ses richesses aujourd'hui acquises. Il croit sincèrement qu'un enfant heureux est un enfant qui ne manque de rien (matériellement). Ce faisant, ce parent confond besoins affectifs et besoins matériels.

Satisfaction des désirs n'est pas épanouissement

La propension à gâter son enfant peut aussi cacher une réelle difficulté à imposer un cadre et des limites. Les hyperparents gâteaux sont prêts à tout plutôt que de supporter la bouderie de leur enfant. Ils choisissent de céder avec cette injonction en tête: «Sois heureux, maintenant!» Une injonction qui peut devenir lourde de conséquences psychologiques. En effet, l'enfant peut se sentir malheureux, et coupable de ce sentiment négatif, malgré tout ce qu'il doit à son parent généreux. Comment pourrait-il exprimer sa détresse alors que ses hyperparents sont disposés à décrocher la lune pour lui?

Il faut savoir qu'à toujours vouloir combler les désirs de l'enfant, et même à les devancer, on le conforte dans l'idée que le bonheur dépend de facteurs extérieurs. Il n'est pas rare qu'à l'âge adulte l'enfant trop gâté ressente un vide intérieur ou vive dans un état de litanie. La raison principale est que cette générosité excessive favorise la dépendance et entrave ses vrais désirs. Le fait d'avoir été comblé de biens ne lui permet pas d'investir dans son vrai moi, d'aller à la rencontre de lui-même, au-devant (et au contact) de ses véritables désirs et de ses réelles ressources. Tout recevoir sur un plateau d'argent prive la personne du plaisir de désirer et d'œuvrer (avec énergie) à satisfaire ses propres désirs.

Pour atténuer cette propension à gâter et assouplir son style éducatif

Bien souvent, les hyperparents gâteaux exaltent le bonheur de l'enfance insouciante. Ils semblent attendre de leur progéniture une bonne humeur permanente. Si les distractions sont bien dosées, votre enfant vous exprimera sa gratitude. Si vous versez trop dans l'excès, il pourrait devenir gâté et blasé. Votre propension à trop donner est-elle saine ou non?

Demandez-vous: pourquoi gâtez-vous autant vos enfants? Est-ce une façon de les rendre heureux, de combler un manque, de leur donner autant que les autres enfants, de les distinguer par leur mode de vie privilégié? Vous sentez-vous obligé de leur offrir tous ces biens? Pourquoi?

Il est normal pour un enfant de faire des caprices en vue d'obtenir l'objet de ses désirs. À nous, parents, d'apprendre à mieux doser la quantité de cadeaux à offrir et de lui permettre de mieux apprécier la valeur des choses.

- Si chaque fête d'anniversaire, chaque Noël ou chaque événement spécial se transforme en une course aux achats, en une folie dépensière à qui aura le plus de cadeaux, le plus gros paquet ou le présent le plus cher, un moment de réflexion s'impose: quel sens et quelle valeur accordez-vous au don?
- Il vous est difficile de résister à couvrir votre enfant de nouveaux achats, bien que celui-ci ne vous ait rien demandé? Demandez-vous: lui offrez-vous ce dont il a besoin ou ce qui vous fait plaisir? Croyez-vous mieux savoir que lui ce dont il a besoin? Attention, cette générosité peut l'étouffer et le priver de l'initiative de satisfaire par lui-même ses propres désirs, en commençant par les reconnaître.

- Souvenez-vous comme vous aviez hâte à Noël, quand vous étiez enfant. Quelle excitation vous ressentiez à patienter jusqu'au jour J ! Vous espériez, rêviez des jours durant du moment où vous auriez votre tout premier vélo. À satisfaire immédiatement tous les désirs des enfants – tout, tout de suite ! –, on les prive de l'excitation de l'attente, d'une joie décuplée par l'espoir, le rêve et l'imaginaire. Apprenez-leur qu'il faut parfois savoir attendre avant d'obtenir le cadeau de ses rêves.
- Apprenez à un enfant qu'un don n'est pas un dû. Des petits mots comme « Merci beaucoup », « Je suis si content ! » ou « Quel plaisir ! » comptent pour remercier ceux qui donnent et leur manifester sa gratitude. Invitez votre enfant à téléphoner, à écrire un petit mot de remerciement ou à envoyer une photo de lui avec son cadeau à l'offrant.
- Prenez conscience de votre tendance à abdiquer au moindre larmoiement, au plus petit chantage de votre enfant. Il n'y a pas de mal à lui dire non. Si celui-ci insiste et renchérit – « Tu veux que je sois triste ? », « Tu es trop méchant ! », et autres mots d'enfants –, ne culpabilisez pas, expliquez-lui plutôt la différence (de taille) entre satisfaire un besoin et combler un désir. Oui pour un fruit ou un légume, s'il a faim, et non à ce paquet de bonbons avant le repas.
- Faites comprendre à votre enfant que dans la vie, la plupart des biens se méritent ou se négocient. Il souhaite ardemment ce dernier jeu vidéo, cette paire de chaussures à la mode ou plus d'argent de poche ? Qu'à cela ne tienne, y a-t-il un service qu'il puisse rendre en contrepartie ? De quelle façon pourrait-il gagner un peu d'argent par lui-même ? Autre piste : expliquez-lui que s'il souhaite vraiment cet objet très cher, il devra payer lui-même la moitié de son prix.
- Encouragez votre enfant à effectuer le calcul des achats, à comparer les prix. Selon son âge, donnez-lui quelques petites leçons sur le coût de la vie et les dépenses courantes d'une famille. Incitez-le à effectuer des choix raisonnables entre deux articles de consommation, entre un bien nécessaire et un bien superflu.

- Établissez avec votre enfant un montant pour certaines dépenses, comme un budget pour les sorties au cinéma. Montrez-lui à garder un pourcentage de son argent de poche, peut-être un quart, pour l'épargne. Ainsi, il ne sera pas pris au dépourvu pour s'offrir un petit luxe pendant les fêtes de Noël ou pour donner un cadeau à quelqu'un de cher.
- Convenez avec votre enfant d'un nombre de cadeaux pour Noël et sensibilisez-le à offrir un ancien jouet ou à faire don d'argent ou de jouets à des enfants plus démunis financièrement. Quelques heures de son temps consacrées à une activité bénévole est une autre façon de donner aussi à ceux qui en ont le plus besoin.
- Les experts en éducation vous le diront sur tous les tons : l'essentiel, c'est la relation. Les biens matériels peuvent facilement être remplacés par des activités privilégiées. Passer du temps avec son enfant est un bien inestimable, car le temps partagé crée des liens avec ceux qu'on aime.

Quand adapter ce type d'injonction à la personnalité de son enfant ?

Si votre enfant a une tendance à l'impulsivité, votre propension à satisfaire ses désirs sur-le-champ peut renforcer sa nature impulsive. L'enfant impulsif est dans l'urgence permanente de satisfaire ses désirs. Il ne souffre pas l'attente et ne sait pas prendre son désir en patience. Pour lui, obtenir immédiatement ce qu'il désire est une façon de prendre le pouvoir, de marquer son emprise.

Soyez conscient de votre propre modèle de comportement. Vous est-il difficile de patienter avant d'obtenir quelque chose ? Devenez-vous contrarié lorsqu'on vous refuse une demande ?

Cet enfant, en particulier, a besoin d'un cadre éducatif ferme et sécurisant. Il est bon qu'il apprenne, par votre exemple, qu'il existe une distance entre son désir et la réalité, un délai entre un souhait et sa satisfaction. Favorisez sa capacité de profiter pleinement de ce qu'il a avant de passer à un autre jeu ou à une autre activité. Habituez-le à bien réfléchir à ce que peut lui apporter tel ou tel bien avant de le lui procurer.

CHAPITRE 13

L'hyperparent poule qui protège trop

L'histoire d'Aline et de Roger « On s'en fait trop. »

Au terme de deux longues heures de préparatifs, les parents d'Éric sont enfin prêts à quitter la maison. En pleine journée de printemps, Éric, 3 ans, est aussi emmitouflé qu'un enfant à sa première journée de ski. Alors qu'il est assis dans sa poussette, ses parents s'arrêtent toutes les cinq minutes pour lui proposer de s'hydrater. Enfin, le garçon aperçoit les grilles du jardin public. Il trépigne d'impatience. Mais il lui faut encore attendre de couvrir son visage de crème solaire.

Bien assis sur la balançoire, il aimerait toucher les nuages avec ses pieds tendus vers le ciel. « Plus haut, plus haauuut ! » crie Éric aussi fort que possible. « Voyons, voyons, doucement », répond sa mère en le berçant. L'enfant descend de la balançoire en marche pour courir vers le jeu le plus haut. Son père le rattrape par le bras : « Pas question de grimper là-dessus ! Tu pourrais tomber. » Éric hésite devant la mine angoissée de son papa. Celui-ci en profite pour lui proposer, à la place, de jouer dans le bac à sable. « Tu as bien vu comment je fais », dit son père en tendant un seau plein à son fils. De nouveau assis, Éric s'ennuie déjà. Il veut courir après les oiseaux dans le parc. Sa mère se précipite pour lui désinfecter les mains avec une lingette qui tue 99 % des microbes. Les oiseaux se sont envolés.

Éric se tourne vers ses parents : « Je veux rentrer », déclare-t-il comme on déclare forfait. Ceux-ci, surpris, craignent que leur fils ne soit un peu timoré physiquement. « Allez, joue donc ! On a bien le temps. Vas-y ! », encouragent-ils. Alors, l'enfant prend le seau et le lance en l'air. Il fait voltiger le sable en frappant du pied. Ses parents accourent, secouent ses vêtements, nettoient son visage, vérifient s'il ne s'est pas fait mal. Éric ne veut plus jouer dans le jardin public. Il aime encore mieux regarder la télévision.

Type d'injonction : « Sois prudent ! »

« Sois prudent ! » Voilà un type d'injonction qui se décline en de nombreux messages verbaux. « On ne fait jamais trop attention », « N'aie confiance en personne », « Méfie-toi des gens trop aimables » sont quelques formules qui égrènent le quotidien d'enfants de parents hyper protecteurs. Prise à la lettre, cette injonction envoie le message que le monde est dangereux, qu'il faut se protéger de l'extérieur et se méfier des étrangers.

Des circonstances malheureuses peuvent, à tort ou à raison, confirmer ces croyances parentales. Ces petites phrases prendront alors la force d'une prophétie. Certains enfants construiront ainsi leur vie comme une forteresse, en devenant eux-mêmes excessivement méfiants à l'égard des autres, particulièrement craintifs face à la vie ou portés à un comportement hyper vigilant.

D'autres circonstances, au contraire, auront pour effet de relativiser ce type d'injonction. Certains enfants comprennent que la perception (sombre, effrayante et dangereuse) du monde de leurs parents n'est rien d'autre que la projection de leurs propres peurs, le reflet de leurs angoisses. Pour contrer les angoisses intériorisées de leurs hyperparents protecteurs, il est possible aussi qu'ils décident de vivre sans filet de sécurité, de se mettre à l'épreuve et de courir des risques.

Les bons côtés de la vigilance

Pour faire valoir son point de vue, le parent poule soutient qu'on n'est jamais trop prudent. Et quoi de plus normal que de veiller à la sécurité de son enfant ! Vouloir le protéger des dangers fait partie intégrante de l'éducation.

D'ailleurs, le besoin de sécurité est un besoin de base de l'enfant. La présence de règles et de consignes lui offre un cadre sécurisant. Un parent attentif à la sécurité de son petit accroît la confiance de celui-ci envers les adultes. Selon l'âge de l'enfant, l'adulte lui inculquera les comportements sécuritaires en lui expliquant l'importance de certaines règles à respecter.

Le sentiment de sécurité de l'enfant se construit aussi sur une base affective. Il correspond à la sécurité intérieure d'avoir une valeur pour les personnes responsables de lui. L'attention et l'affection de ses proches lui procurent ce cadre rassurant dont il a besoin. La constance dans les soins, la présence stable de son père et de sa mère, la réponse de l'adulte à ses besoins exprimés favorisent l'attachement de l'enfant à ses parents.

Les côtés excessifs de la surprotection

L'hyperparent poule tient fortement à la sécurité de son enfant. Seulement, il a tendance à le protéger plus que de raison dans l'espoir de lui épargner les bleus au cœur et au corps. Et si ses propres inquiétudes étaient au centre de son style éducatif hyper protectif? Quand trop protéger son enfant risque-t-il d'étouffer son autonomie?

Ne pas confondre sécurité et sentiment de sécurité

Le besoin de sécurité est un besoin fondamental de l'être humain. Il dépend de deux principaux facteurs: un environnement sécuritaire et un sentiment de sécurité. Contrairement aux apparences, les deux ne sont pas entièrement liés. Certaines personnes se sentent en danger même si leur environnement ne présente pas de risques objectifs. Le sentiment de sécurité est un sentiment intérieur qui se construit tout au long de l'enfance et procure une impression subjective de confiance. Mais il arrive que ce sentiment de sécurité soit défaillant. Il ne s'est pas consolidé avec le développement de la personnalité de l'enfant. Un contexte familial anxiogène ou un traumatisme particulier ont pu fragiliser ce sentiment.

Pour satisfaire leur besoin de sécurité, certains s'efforceront de maîtriser leur environnement, pour mieux contrôler leurs craintes.

D'autres tenteront de réduire au maximum les risques, quitte à diminuer leur marge de liberté. Les vérifications incessantes et les actions récurrentes sont d'autres moyens de gagner en tranquillité d'esprit.

On le voit, le ressenti correspond peu à la réalité. En fait, le sentiment d'insécurité, en dehors de toute situation dangereuse, reflète d'abord une vulnérabilité personnelle.

L'enfance sous haute protection

« Mettez vos enfants à l'abri. » Voici la nouvelle devise sociale qui s'étend à tout l'environnement de l'enfant. Microbes, accidents, allergies, obésité, notre société serait-elle devenue anxiogène ? Tout passe sous la loupe de nos obsessions sécuritaires. Les règles de sécurité, les produits antimicrobiens, les outils de surveillance technologique sont en pleine expansion.

Plusieurs enquêtes confirment la croissance de notre sentiment d'insécurité. Ainsi, selon une enquête internationale réalisée par Family Kids and Youth, commanditée par IKEA, deux parents sur cinq sont d'accord avec l'énoncé suivant : « J'aimerais que mes enfants puissent jouer dehors, mais je suis trop préoccupé par leur sécurité[41]. »

Pourtant, des parents inquiets pour leurs enfants admettent avoir bénéficié d'une très grande liberté dans leur propre enfance. Ils jouaient la plupart du temps à l'extérieur, il n'y avait pas de cellulaires ou de GPS qui permettaient de les localiser, la porte de la maison demeurait ouverte. Une époque révolue ? Les enfants passent désormais plus de temps devant l'écran de la télévision et de l'ordinateur. Mais là aussi, les dangers de l'Internet sont mis de l'avant.

Et si le danger n'était pas à l'extérieur ?

« La vérité est que le monde extérieur est moins une menace pour nos enfants qu'ils ne sont une menace pour eux-mêmes », lance Michael Ungar, auteur de *Le syndrome de la mère poule*[42]. Ce spécialiste de la

41. Source : *Play Report*.

42. Michael Ungar, *Le syndrome de la mère poule : apprendre aux ados à faire face aux risques et aux responsabilités*, Montréal, Les Éditions de l'Homme, 2007, p. 36.

résilience chez les enfants à risque n'hésite pas à montrer du doigt la souffrance de jeunes en mal de responsabilités dans leur existence vide de sens. «Le vrai danger pour les jeunes de la classe moyenne, c'est le vide qui accompagne leur impression de n'appartenir à rien et de ne compter sur personne, écrit-il. Quand nous empêchons nos enfants de relever des défis et de se sentir responsables et fiers d'eux-mêmes, nous semons le germe de [...] l'anomie.» Un sentiment d'absence qui peut mener, dans certains cas, à des conduites à risque ou à des affections psychologiques: abus d'alcool ou de drogue, dépression, tentatives de suicide. Il manque à ces enfants élevés sous cloche le sentiment de contribuer à la vie collective, la conscience d'avoir un rôle et une place à jouer, l'émotion vive de leur audace et de leur joie de vivre.

Fait notable: la dépression chez les jeunes et les conduites à risque sont quasi inexistantes dans les sociétés traditionnelles qui ont conservé les rites symbolisant le passage du monde de l'enfance au monde adulte. Selon l'auteur, si nous ne permettons pas à nos enfants de faire leurs preuves, ils pourraient bien vouloir tester leurs limites autrement, parfois en s'exposant volontairement à des dangers pour éprouver leurs forces, pour exercer leur pouvoir.

Lâcher prise sur ses peurs

Ils nettoient la poignée du chariot de l'épicerie par crainte que l'enfant n'attrape au passage quelques microbes. Ils surveillent les allées et venues de ces visages inconnus dans le parc. Ils suivent tous les faits divers dans leur environnement afin d'anticiper les dangers éventuels. Ces parents hyper protecteurs sont surtout des hyper anxieux. Leur anxiété les incite à prendre toutes les précautions, jusqu'à se créer, parfois, un univers aseptisé, une vie rapetissée. En éducation comme ailleurs, la peur est une bien mauvaise conseillère. Ces parents vivent aux prises avec leur anxiété et font vivre à leurs enfants l'angoisse du danger. Elle conduit ces hyper anxieux à surveiller leurs enfants au-delà du raisonnable. Leur tendance à s'assurer de tout est irrépressible.

Leurs enfants sont-ils plus en sécurité pour autant? Pas nécessairement. Ces derniers ne parviennent pas à distinguer dangers réels et peurs imaginaires. Surtout, à exagérer le danger, l'hyperparent poule ne permet pas à l'enfant d'évaluer la situation et de s'y adapter. À trop anticiper tous les dangers pouvant survenir sur le chemin de son enfant, cet hyperparent ne lui fournit pas les ressources intérieures pour se protéger. Il met seulement ses sens en alerte, en plus de générer de l'angoisse. Cet hyperparent doit apprendre à lâcher prise sur ses peurs envahissantes.

Soulignons qu'une personne sur dix souffrirait de troubles anxieux. Ces troubles peuvent prendre la forme de crises d'angoisse, de phobies, de TOC (troubles obsessionnels compulsifs) et de TAG (troubles anxieux généralisés).

Pour atténuer la surprotection et assouplir son style éducatif

Vous croyez à cent pour cent que le monde est dangereux, qu'il est sage de se méfier de quiconque, qu'il vaut mieux vérifier par soi-même, et deux fois plutôt qu'une, que tout a été pensé pour la sécurité de votre enfant ? Si vous vous reconnaissez dans ce portrait, vous gagneriez à résoudre votre intolérance au moindre risque et à l'incertitude. Comment ne pas trop protéger son enfant au risque de l'étouffer ?

Demandez-vous : votre enfant est-il craintif ? A-t-il de nombreuses peurs ? A-t-il de la difficulté à aller de l'avant ou, au contraire, a-t-il besoin de limites ? Que faites-vous pour l'aider à devenir autonome et à se prendre en main ?

- Aidez votre jeune enfant à évaluer les risques par lui-même et à se protéger des dangers en lui expliquant les règles de base en matière de sécurité, sans dramatiser ni exagérer la réalité.
- Sachez qu'une bonne règle de sécurité est une règle claire, simplement énoncée et expliquée, constante dans son application et commune à tous les membres de la famille, sans exception.
- Efforcez-vous de parler positivement à votre enfant. Au lieu de lui lancer : « Ne va pas trop vite, tu vas tomber ! », dites plutôt : « Roule plus lentement. » Vous éviterez de lui faire peur inutilement et vous l'encouragerez à se comporter de manière sécuritaire.

- Montrez le bon exemple en respectant vous-même les codes de bonne conduite. Vous lui avez appris qu'on ne traverse pas la route au feu rouge ? Tenez-vous à ce que vous avez dit et patientez ensemble en attendant que le feu soit vert.
- Établissez un contrat familial concernant les règles à respecter. Par exemple : « Il est possible de faire du vélo, mais seulement dans la cour. » Si votre enfant n'observe pas les règles convenues en famille, dans ce cas-ci en allant sur la route, vous lui retirez temporairement l'autorisation de faire du vélo. Il retiendra que la transgression des règles n'est pas sans conséquence.
- Consolidez sa confiance en lui en permettant à votre enfant d'assumer des responsabilités liées à son âge. Créez des conditions lui permettant de tester ses capacités en toute sécurité, et encouragez-le par des phrases du type : « Vas-y ! Tu es capable », « Je te regarde. Montre-moi ce que tu sais faire », etc. Au besoin, guidez-le.
- Encouragez les rencontres et favorisez les relations afin que l'enfant se familiarise avec le monde extérieur sans crainte et sans agressivité. Sa confiance en lui rejaillira sur sa confiance dans le monde extérieur.
- Si vous avez l'habitude de redouter le pire, il peut être difficile pour vous d'apprendre à votre enfant à apprivoiser l'incertitude au lieu de la redouter. Il lui faut pourtant affronter sa peur de l'inconnu, celui-ci fait partie de la vie. Source d'imprévus, l'inconnu peut être riche en belles découvertes et en heureuses rencontres.

Quand adapter ce type d'injonction à la personnalité de son enfant ?

Il vous semble que votre enfant court au-devant du danger ? Qu'il fait fi de toutes vos recommandations de prudence ? Sans doute est-il audacieux et aventurier. On dit de ce type de jeunes qu'ils ont le goût du risque. Ils sont attirés par l'inconnu. Ils sont confiants en leurs forces et appréhendent peu les dangers. Bien sûr, on admet plus facilement ce type de comportement chez un adulte que chez un adolescent. Un adulte audacieux aime vivre sans filet de sécurité. Il se lance parfois dans des entreprises périlleuses pour le plaisir d'éprouver des sensations nouvelles. Il peut donner l'impression de marcher sur un fil en permanence ou de se jeter dans le vide sans parachute. En réalité, les personnes de ce type diront souvent que la prise de risque accroît leur sentiment de vivre une existence pleine, vécue dans l'urgence, avec intensité.

À la différence des enfants prudents, les enfants audacieux et aventuriers ont le sentiment de vivre davantage au contact des défis. En se mettant eux-mêmes à l'épreuve, ils éprouvent leurs jeunes forces. Ils ont besoin de sentir le danger près d'eux, rôder autour d'eux, de s'y frotter, pour mieux l'affronter et, finalement, l'emporter. Et alors, quelle jubilation d'avoir triomphé des obstacles !

Leur quête d'expérimentation peut être plus forte que leur conscience du danger. Voilà pourquoi il est de la responsabilité de chaque parent de s'assurer de la sécurité de son enfant. Seulement, c'est la marge de sécurité qui devrait s'étendre pour autoriser l'enfant à pousser un peu plus loin ses limites, selon son âge et ses capacités.

Si votre enfant présente un tel profil, votre excès de prévention risque de freiner son élan pour explorer son univers. Ce serait bien dommage !

CHAPITRE 14

L'hyperparent contrôlant qui gère trop

L'histoire de Sandrine: « Je m'occupe de tout. »

«Je suis sa mère, non? Et il faut bien que je m'occupe de lui, non?» s'énerve Sandrine quand l'enseignante lui demande de la laisser faire son travail d'éducation. Depuis un mois, le fils de Sandrine est entré à la grande école. La mère fait l'expérience d'une perte de contrôle. Plus de place pour les parents dans la cour d'école. Plus question de s'enquérir quotidiennement auprès de l'enseignante de la journée de son fils. Elle n'a plus son rôle d'avant.

Dépitée par cette soudaine autonomie de son enfant, Sandrine continue de prendre les choses en main à la maison. Cela signifie qu'elle prend des décisions pour lui sans le consulter. Elle prend le contrôle de sa vie sans s'assurer qu'il en a besoin ou qu'il en a envie. Dès l'année prochaine, elle est résolue à placer son fils dans une école privée qui a des comptes à rendre aux parents. Et puis, Sandrine croit beaucoup dans la discipline, les règlements stricts, le port du costume obligatoire, les études surveillées après les cours, un environnement scolaire structuré et encadré.

La mère avait déjà prévenu son fils qu'elle devait absolument connaître ses horaires, ses sorties, ses fréquentations. Malgré les avertissements, elle sent bien que son enfant lui échappe et qu'elle perd son influence sur lui. Habituée à gérer le quotidien, elle prend la responsabilité des décisions familiales, planifie et règle les affaires. Inquiète de l'attitude plus désinvolte de son garçon, elle en parle avec son conjoint qui acquiesce à tout ce qu'elle décide, à la rigueur de ses décisions. Pas de doute, l'attachement aux intérêts de son fils autorise sa mainmise sur les principaux aspects de son existence, songe-t-elle. Car comment saurait-il se guider sans elle ?

Type d'injonction : « Fais ce que je te dis ! »

« Fais ce que je te dis ! » est la phrase préférée de l'hyperparent contrôlant. Sous prétexte d'inculquer la discipline à son enfant, il passe le plus clair de son temps à lui dire quoi faire et comment le faire.

À écouter cet hyperparent, il semble ne vouloir qu'influencer son enfant. À entendre son enfant, ce type de parent cherche à contrôler toute sa vie. D'où vient ce décalage dans les perceptions ? L'adulte contrôlant ne se perçoit pas comme les autres le voient. À ses yeux, il présente une image d'efficacité. Le regard des autres met plutôt en relief son dirigisme.

Son attitude peut donner l'impression que ce parent est froid, insensible, dur et autoritaire. Rien de tel, bien sûr ; seulement, il contrôle aussi ses émotions. Dans certains cas, l'excès de contrôle peut se transformer en abus de pouvoir. Effectivement, le besoin de contrôler est si grand chez cet hyperparent qu'il a érigé l'injonction « Fais ce que je te dis » en mode de vie relationnel.

Les bons côtés du contrôle

À un certain degré, le contrôle présente de bons côtés. Notamment, il rassure, il donne l'impression que le monde est parfaitement réglé : les choses arrivent à temps, la maison est rangée, les activités sont organisées, les leçons sont apprises.

Un autre bon côté du contrôle est qu'il apprend la discipline à l'enfant jusqu'à le guider vers l'autodiscipline. Cette discipline est, elle aussi, rassurante pour le jeune, car elle le structure dans sa personnalité.

Autre point fort du contrôle : le parent contrôlant est généralement très organisé et possède un très grand sentiment d'efficacité. Il aime plus que tout le sentiment de contrôler sa vie de A à Z. Ce très grand besoin de contrôle l'amène à gérer en permanence les détails de son quotidien, mais aussi à intervenir dans celui de ses enfants. Il l'avoue parfois : il ne sait pas agir autrement.

Un enfant qui a intériorisé ce contrôle de soi sera plus tard un adulte qui dirigera sa vie avec discipline. Il reproduira ce scénario de vie et tendra à planifier son existence et à l'organiser avec efficacité.

Les côtés excessifs de l'hypercontrôle

Le maître mot de ces hyperparents, c'est « discipline ». Mais leurs croyances concernant l'autorité et le contrôle disciplinaire peuvent être à l'origine d'une attitude parentale froide et désengagée sur le plan affectif.

Gare à l'abus de pouvoir !

Vous vous adressez à votre enfant de façon brutale et autoritaire ? Attention à l'abus de pouvoir ! L'adulte hyper contrôlant, en apparence insensible, peut avoir besoin du contrôle pour éviter de se sentir envahi par ses propres émotions. C'est parfois un mécanisme de défense pour se protéger d'un sentiment de vulnérabilité et se tenir éloigné de ses émotions. L'adulte qui contrôle a le sentiment de prendre le pouvoir plutôt que de subir celui des autres. Sa vision des rapports humains est déformée par son besoin personnel de protection émotionnelle et affective.

Ne sachant accueillir ses propres émotions et ses pulsions, comment cet adulte pourrait-il laisser son enfant s'ouvrir à ses propres ressentis ? Il est plus facile pour ce parent d'être dans le contrôle que de relâcher ses défenses. Mais, ce faisant, il confond donner une bonne éducation et imposer des règles rigides.

Reprenez le contrôle sur votre besoin de contrôle

Qui n'a pas une anecdote à raconter sur ces parents hyper contrôlants qui veulent prendre les commandes même à distance ? Ils multiplient les appels téléphoniques, suivent leur enfant de près comme de loin, trouvent toujours un moyen de s'assurer que les choses vont bien – entendre qu'elles se font à leur façon. En clair : ils ont du mal à lâcher prise et à se laisser aller. D'ailleurs, ils estiment bien souvent que la vie est trop sérieuse pour la laisser aux mains des enfants.

Hélas, l'hypercontrôle leur fait parfois perdre le contrôle de leur vie. À trop vouloir contrôler leur existence, dans tous ses aspects, ils ne maîtrisent plus rien. L'hyperparent contrôlant peut être une personne anxieuse qui a besoin de réduire au maximum les imprévus dans la vie. Mais la tendance au contrôle peut aussi se nicher dans les souvenirs d'une enfance chaotique, une éducation au style bohème, laxiste. L'instinct de contrôle surgirait en réaction à l'absence de cadre et de repères.

Les enfants contrôlés, ces assistés

Quel mal y a-t-il à contrôler son enfant pour l'entraîner sur le bon chemin ? Certes, l'intention est bonne, seulement voilà, l'enfant contrôlé prend peu d'initiatives personnelles. Principale conséquence : il s'expose peu aux aléas et aux risques (normaux) de la vie, et il a peu d'occasions d'explorer ses ressources intérieures pour y faire face. Or, un enfant qui ne connaît pas ses ressources personnelles est un enfant vulnérable. Et plus il se sent vulnérable, plus il demeure dépendant de ses parents. Il devient assisté par eux et peu autonome. Pour pallier cet état de fait, ses parents augmentent leur contrôle tout en le maintenant dans un rapport de dépendance. En vérité, cet enfant gagnerait plutôt à être accompagné dans sa démarche personnelle et à être soutenu dans ses efforts.

Guider les enfants vers l'autodiscipline

Éduquer un enfant, ce n'est pas le dresser, mais l'aider à conquérir son autonomie, à s'autodiscipliner. L'autodiscipline est une forme de contrôle de soi, sauf qu'elle rime avec liberté. La personne autodisciplinée se donne à elle-même ses propres règles. Plutôt que d'ordonner à votre enfant de faire sa chambre, accompagnez-le dans les premiers temps dans sa tâche de ménage. Expliquez-lui les avantages d'avoir une chambre propre et bien tenue. Introduisez certains gestes dans la routine quotidienne, comme ranger lui-même ses vêtements propres et mettre son linge sale dans un panier. Après un tel accompagnement, il le fera par lui-même.

Pour atténuer l'excès de contrôle et assouplir son style éducatif

Pour assouplir son style éducatif, il faut accepter d'infléchir sa tendance au contrôle. Voilà qui peut être vu comme peu plaisant et guère évident. Car le parent hyper contrôlant doit réapprendre à communiquer avec respect et à collaborer avec les autres. Il doit encore s'efforcer d'apprendre l'autodiscipline à son enfant sans lui imposer ses exigences. De quoi renverser sa manière de parler, d'agir et de se comporter.

Demandez-vous : avez-vous du mal à accepter l'autonomie grandissante de votre enfant ? Qu'est-ce que le contrôle vous apporte ? Et qu'apporte-t-il à votre enfant ? Ce style éducatif répond-il aux besoins de votre enfant ou à votre besoin propre ? Comment pourriez-vous relâcher peu à peu le contrôle ? Comment passer du contrôle coercitif au contrôle responsable ?

- Privilégiez une relation basée sur le respect absolu des règles. Il ne s'agit pas de renoncer à vos exigences, mais d'impliquer vos enfants dans la recherche de solutions. Lorsque vous avez le plus envie de leur imposer vos règles et votre style, rappelez-vous que la vie familiale est un jeu d'équipe.
- Visez l'entraide plutôt que de tout faire par vous-même ou de tout imposer aux autres. Par exemple, encouragez la participation de chacun aux tâches collectives.
- Rappelez-vous et rappelez à vos enfants qu'ils sont les premiers responsables de leur existence. Leurs choix de vie auront d'abord un impact sur eux.
- Entendez-vous avec vos enfants sur une petite routine (pas trop lourde) qui les aidera, jour après jour, à se responsabiliser par rapport à des tâches à effectuer (à leur rythme). Cela peut être ramasser ses affaires, faire son lit, vider le lave-vaisselle, etc.

- Aidez vos enfants à résoudre leurs problèmes en leur apportant votre contribution pour définir la difficulté et les solutions possibles. Ils pourraient vous surprendre par leur ingéniosité à trouver des issues originales. Cette façon de faire participer les enfants à la recherche de solutions suppose une écoute active (et non directive).

Quand adapter ce type d'injonction à la personnalité de son enfant ?

Les enfants ne réagissent pas tous de la même façon à l'injonction de la discipline à outrance. La réaction de l'enfant est le meilleur indicateur de sa facilité ou de sa difficulté à composer avec l'autorité et le contrôle.

Certains peuvent parfaitement adhérer à ce type d'injonction et avoir besoin de sentir davantage les limites. Les exigences du parent contrôlant les rassurent, car ils savent ce qu'ils doivent faire et comment le faire. Ils voient des avantages à se comporter de manière policée. D'autres adopteront une attitude résignée et obéiront au doigt et à l'œil. S'ils sont de nature plus soumise, ils continueront à l'âge adulte à rechercher l'approbation d'autres adultes. Mais d'autres enfants encore peuvent souffrir de ce sérieux frein à l'expression de leur autonomie, cette bride à leur spontanéité et à leur créativité. Leur révolte peut les conduire à rejeter tout cadre contraignant et toute autorité.

Chapitre 15

L'hyperparent inquisiteur qui se mêle trop de tout

L'histoire de Diane : « Je n'aime pas être tenue au secret. »

Diane est furieuse : son fils Xavier a passé toute la soirée chez un ami sans la prévenir. Quand elle le découvre, elle téléphone aussitôt à la mère de ce dernier. Elle impose à son fils de rentrer immédiatement. À son retour à la maison, elle le fixe dans les yeux, dans l'attente d'une explication ou d'une piètre excuse, qu'il lui refuse en gardant le silence. Diane aimerait pouvoir lire dans ses pensées. Cet air fermé, elle le connaît bien. Mais elle ne peut s'y résoudre. Elle préférerait que son fils ait une vie transparente, savoir ce qu'il fait sans avoir à le lui demander.

La résistance de Xavier à se confier à sa mère pousse celle-ci à chercher la petite fissure dans sa cuirasse. Plus elle le scrute, plus il devient statufié. Diane l'avoue : « Ce n'est pas que je ne lui fais pas confiance, mais cela m'est insupportable d'être tenue au secret. » Et si son fils lui cachait quelque chose d'important ? Comme elle ne parvient pas à lui arracher quelque confidence, elle se charge de se renseigner par elle-même. D'ailleurs, elle croit qu'il est du rôle des parents de surveiller leurs enfants. C'est ainsi qu'elle garde un œil sur les fréquentations de son fils, tend une oreille attentive lorsqu'il converse au téléphone, vérifie que ses vêtements ne sentent pas l'alcool ou le tabac, fouille ses poches, au cas où. Et que pense-t-elle découvrir ? Essentiellement, que son enfant lui cache des choses importantes, malgré l'interrogatoire maternel et quotidien sur la façon dont se passent les cours, qui il voit, avec qui il sort, ce qu'il fait après l'école, pourquoi il ne lui dit rien.

Car tel est bien le drame de Diane: que son enfant ait une vie à part elle, en dehors du giron maternel.

Type d'injonction: « Dis-moi tout! »

L'hyperparent inquisiteur envoie à son enfant cette injonction parentale: « Dis-moi tout! » Une variante de ce message verbal est: « Ne me cache rien. » Cette injonction est puissante, car elle incite l'enfant à confier au parent ses faits et gestes, mais aussi ses pensées, ses sentiments, ses émotions. Cet hyperparent souhaite plus que tout être au courant de ce qui se passe dans la vie de son enfant.

Certains enfants intégreront cette injonction à leur propre système de croyances. Sans doute apprécieront-ils le sentiment de pouvoir tout partager avec leur parent dans une proche complicité. Plus tard, il arrive qu'ils conservent cette même injonction avec leurs amis ou leur conjoint.

D'autres enfants rejetteront ce type d'injonction en faisant ce qu'il faut pour garder leurs distances et se préserver d'une attention excessive qu'ils ressentent comme intrusive. De plus, il est possible qu'ils développent une contre-injonction: « Ne jamais rien avouer », pour éviter, inconsciemment, tout risque d'intrusion dans leur vie privée.

Les bons côtés de l'investissement parental

Personne ne connaît mieux votre enfant que vous. Certes, il existe de bons côtés à en savoir le plus possible sur lui. Petit a: vous pouvez intervenir auprès de lui en parent averti de ses émotions et de ses sentiments. Petit b: vous pouvez le conseiller en connaissance de cause sur ses forces et ses faiblesses. Petit c: vous pouvez lui assurer votre soutien inconditionnel en cas de difficulté. Petit d: votre enfant sent qu'il cultive à travers cette relation fusionnelle une relation privilégiée avec son parent. Toutefois, les bons côtés de cet investissement parental sont contrebalancés par d'autres facettes aux impacts nettement moins positifs.

Les côtés excessifs de la surveillance

L'hyperparent inquisiteur n'est jamais à court d'arguments pour justifier ses tentatives de s'immiscer dans la vie de son enfant. Mais la véritable raison demeure souvent inavouée: la peur que son enfant lui échappe. Pourquoi éviter l'hypersurveillance?

Veiller sur n'est pas surveiller

Si vous pensez que veiller sur son enfant, c'est surveiller ses allées et venues, contrôler ses faits et gestes, se mêler de ses affaires de cœur, forcer les confidences, lui faire passer un interrogatoire, alors, oui, vous êtes un parent plutôt intrusif. Votre style parental permet difficilement à votre enfant de cultiver son jardin secret. Dommage, car avoir la clé de son monde intérieur donne accès à une liberté intérieure: la liberté de rêver et de concevoir des projets, la liberté de se découvrir comme personne, la liberté d'évoluer sans jugement et sans évaluation, etc.

Si votre enfant trouve l'air familial étouffant, sans doute exprime-t-il son besoin de respirer. Ce qu'il vous faut surveiller, c'est votre propension à envahir son espace personnel de votre présence, à devenir omniprésent. Votre enfant a droit à son intimité, cet espace privé de pensées et d'émotions. L'intimité, c'est aussi le droit d'avoir ses secrets à soi.

Respecter leur territoire, accepter leur bulle

Nous avons tous besoin d'un territoire à nous, d'une sphère privée qui, telle une bulle, enveloppe et protège notre intériorité. Pour Virginia Woolf, c'était «une chambre à soi» (titre d'un de ses livres), cet espace privé dans lequel elle pouvait écrire sans crainte d'être dérangée ou espionnée dans ses pensées. Ce territoire personnel, c'est cet espace physique, ce coin à soi en dehors des pièces communes du domicile.

Mais disposer d'un espace à soi n'est pas seulement une question d'espace physique que l'on peut fermer à clé. C'est aussi un espace mental, symbolique et émotionnel qu'il est possible de partager ou de garder. Une relation fusionnelle ne permet pas à l'enfant de se construire sa bulle, son soi. Dans *Les territoires de l'intime*, Robert Neuburger[43] décrit la construction du soi comme la prise de conscience de son intimité corporelle (mon corps m'appartient, je suis libre de le protéger), psychique (j'ai le droit à mes propres pensées) et comportementale (j'agis à ma manière).

Trouver la bonne distance

Il n'est pas facile pour un hyperparent de se tenir un peu à l'écart de la vie de son enfant s'il le considère comme un prolongement de lui-même. Dans une telle confusion des places de chacun, il n'est pas étonnant que ce parent souhaite se surinvestir dans la vie de son enfant comme un double de soi. Le défi de l'hyperparent inquisiteur consiste à trouver la bonne distance avec son enfant. Il doit apprendre à être présent sans envahir l'autre de sa présence. Il lui faut trouver une façon d'être à l'écoute sans forcer la parole. Il s'agit d'être proche sans être intrusif. La bonne distance repose sur un partage où donner et recevoir s'équilibrent.

Gare à une relation trop exclusive !

L'hyperparent qui se mêle trop de la vie de son enfant tend à entretenir une relation trop exclusive avec celui-ci, au point de reléguer la relation de couple au second plan. Il est préférable pour l'épanouissement de l'enfant, comme pour celui de votre couple, de mieux distribuer vos attentions. Il peut être nécessaire de poser certaines limites à votre investissement parental, notamment si votre conjoint se sent exclu de cette relation trop fusionnelle. Les psychologues recommandent de se réserver des moments de partage et de complicité en couple, sans les enfants. Ainsi, il sera plus facile pour eux de consolider à leur tour leur propre intimité individuelle.

Quand ça dérape

« De nombreux parents qui sont parvenus à gérer avec succès plusieurs aspects de la vie sociale, sportive et scolaire de leur enfant constatent qu'à la puberté leur garçon ou leur fille, naguère obéissants, se rebu-

43. Éditions Odile Jacob, 2000.

tent, et ces "succès" prennent fin», notent la Dre Elisabeth Guthrie et Kathy Matthews. Que s'est-il passé? «Le parentage excessif débouche parfois sur une attitude de défi, sur de la confusion et sur une adolescence généralement plus pénible parce que l'enfant est révolté et agressif[44].» En somme, l'adolescent ne veut plus suivre des objectifs qui ne sont pas les siens et se laisser contrôler par les injonctions parentales.

Quoique difficile à vivre pour l'hyperparent, cette révolte adolescente est saine. Elle peut être signe que l'adolescent préfère faire sa place dans la société plutôt que faire le bonheur de ses parents en agissant à seule fin de calmer leurs inquiétudes.

Pour atténuer le surinvestissement et assouplir son style éducatif

L'envie de se mêler de la vie de son enfant pour l'aider dans ses projets part d'un bon sentiment. Le souhait de le comprendre, d'adoucir les aspérités de la vie et de lui épargner bien des déceptions est légitime. Mais le surinvestissement parental n'aide pas nécessairement l'enfant à affronter la vie. Entre le trop présent et le pas assez, il y a un juste milieu. Mais en pratique, on fait quoi?

Demandez-vous: comment vivez-vous les séparations avec votre enfant? Êtes-vous très proche de lui? Souffrez-vous de la distance qu'il établit avec vous? Que craignez-vous à l'idée de le confier à une tierce personne?

- Permettez à votre enfant de disposer d'un espace à lui pour s'isoler, jouer ou écouter de la musique, recevoir ses amis. Naturellement, il aura le choix de la décoration de son espace et la responsabilité de le tenir dans un état de propreté acceptable.
- Prenez l'habitude de le consulter, selon son âge, avant de prendre des décisions pour lui. Quel est son avis sur les cours et les loisirs qu'il suit deux à trois fois par semaine? S'il est bon qu'un enfant

44. *Ces enfants que l'on veut parfaits*, Montréal, Les Éditions de l'Homme, 2002, p. 178-179.

pratique un sport, permettez-lui de choisir celui qui lui plaît. Idem pour toute autre activité de loisir.

- Proposez-lui votre aide au lieu de faire quelque chose à sa place. Il veut faire de l'escalade ? Résistez à la tentation de faire toutes les démarches pour lui. Accompagnez-le dans sa quête d'informations et laissez-le téléphoner lui-même à l'organisme en question.
- Il s'oppose sans cesse à vos décisions ? Évitez de vous braquer et écoutez plutôt le besoin exprimé derrière sa maladroite affirmation de soi. Peut-être cherche-t-il à vous faire entendre qu'il a besoin de plus d'autonomie ? Peut-être aimerait-il que vous lui fassiez davantage confiance ?
- Déléguez de temps en temps votre pouvoir parental en laissant votre jeune enfant entre de bonnes mains, comme les bras d'une nounou ou d'un grand-parent digne de confiance, et songez à profiter de ce temps libre pour vous occuper de vous et de vos affaires.
- Acceptez que votre petit puisse garder pour lui ses sentiments et ses émotions. Pourquoi un enfant n'aurait-il pas le droit d'observer le silence ? En un mot : ne l'obligez pas à vous rendre des comptes sur tout ce qu'il fait.
- Encouragez-le à prendre des initiatives. Au besoin, donnez-lui un coup de pouce, mais faites-lui sentir que c'est à titre exceptionnel. Ce qu'il entreprend, il le fait pour lui et lui seul.
- Développez des centres d'intérêt en dehors de la vie de vos enfants. Retrouvez ces sorties à deux, entre amoureux, comme dans l'ancien temps, cette vieille époque où vous n'étiez pas parents. Faites aussi une place à votre couple dans ce climat familial.

Quand adapter ce type d'injonction à la personnalité de son enfant ?

Vous vous sentez préoccupé par tout ce qui arrive dans la vie de votre enfant ? L'injonction parentale « Dis-moi tout ! » est particulièrement difficile à vivre pour un enfant au comportement indépendant. Pire, cette propension à s'immiscer dans ses affaires tend à le maintenir dans un état de dépendance et d'immaturité. Voilà pourquoi il est temps de prendre en compte les besoins propres de l'enfant, de le soutenir dans son besoin d'autonomie et de réviser sa marge de liberté et d'indépendance.

Un enfant autonome a « la capacité d'être seul », pour reprendre le titre d'un texte écrit en 1958 par Donald Woods Winnicott[45]. Selon le célèbre pédiatre et psychiatre, un enfant qui a suffisamment bénéficié de la présence chaleureuse de ses parents ne souffre pas de leur absence lors des séparations à l'école ou ailleurs. Il a pu compter sur eux ou sur un autre adulte pour répondre à ses besoins. Il a constaté qu'ils étaient présents pour le protéger, le soigner ou le consoler. Grâce à cette présence, il a acquis une sécurité intérieure qui, aujourd'hui, lui permet de se détacher de ses parents et de gagner en autonomie.

En revanche, si sa mère ou son père demeurent toujours aussi présents pour lui, au point de se rendre indispensables auprès de leur ado, celui-ci pourra ressentir sa liberté comme un fardeau. La solitude devient angoissante pour un jeune qui n'a pas appris à être seul après avoir été suffisamment entouré. On sait qu'en temps de crise économique nombre de parents continuent d'apporter à leur jeune adulte un soutien affectif, financier, logistique, et donnent sans compter ni demander de contrepartie. Habitué à compter sur ses parents, le jeune adulte est maintenu dans un état de dépendance.

Dans le cas d'un enfant plus indépendant d'esprit, la tendance parentale à tout contrôler sera plus nuisible. Il vous annonce un jour que les sorties familiales, c'est fini ! Que les fins de semaine chez les grands-parents, c'est chose du passé ! Acceptez son besoin de se détacher de vous et d'amoindrir les liens familiaux. C'est sa façon à lui de s'individualiser et de devenir plus autonome. Plus la pression sera forte à maîtriser sa vie, plus il rejettera le modèle parental. Vous consoliderez son autonomie et la construction de sa personnalité en respectant ses choix dans la mesure du possible. Optez pour des solutions progressives et des règles claires. Pourquoi ne pas lui permettre d'échapper aux sorties forcées une fois sur deux, d'abord, à condition de

45. *De la pédiatrie à la psychanalyse*, Paris, Payot, 1989.

savoir où il va, avec qui et la façon de le joindre au cas où ? Peu à peu, vous en viendrez à nouer une nouvelle relation avec votre enfant, basée sur la confiance.

Troisième partie

Vers de nouveaux modèles de parentalité

CHAPITRE 16

Quand trop, c'est trop : le prix élevé de l'hyperparentalité

Dopés à l'esprit de compétition, excités par les stimulations, gavés de biens matériels, habillés de marques à la mode, armés de conseils parentaux, couvés dans un environnement sous haute protection, les enfants sont-ils plus forts, plus confiants et plus heureux ? Pas si sûr. Des spécialistes de l'enfance tirent la sonnette d'alarme. Trop, c'est franchement trop ! Trop aimer son enfant, ce n'est pas l'aimer mieux. Trop le pousser à se surpasser, ce n'est pas mieux le préparer pour l'avenir, c'est le modeler selon ses attentes de parent et le soumettre à une immense pression.

Certains enfants savent gérer cette pression et l'utiliser comme un moteur pour se surpasser. Mais que se passe-t-il quand la pression dépasse les bornes ? Nombre de cracks craquent sous le poids des attentes parentales. Portraits d'enfants stressés.

L'obsession des résultats

« Tension, pression, exigence d'hyperperformance et d'hyperparentalité, harcèlement... On sait qu'ils font des ravages chez les salariés. Pourquoi n'admettrait-on pas enfin que les enfants sont soumis au même régime, notamment dans un contexte scolaire où l'on ne leur demande plus seulement de bien travailler et de s'épanouir, mais d'être toujours et partout le meilleur ? » demande Gisèle George. L'auteure de *Ces enfants malades du stress*[46] parle en connaissance de cause. Cette pédopsychiatre voit défiler dans son cabinet ces enfants dits « anxieux », en proie à des sentiments dépressifs, aux prises avec leur pulsion agressive. Ils n'en peuvent plus des apprentissages et des acquisitions multiples pour mieux « performer » et rassurer leurs parents anxieux. Parfois, la matière ne rentre plus, leur esprit ne retient plus. Ils sont saturés de connaissances apprises par cœur. Ou alors, toutes les notions apprises disparaissent de leur mémoire. Trou noir. Panique. Ils savent qu'ils vont décevoir. L'ambiance familiale sera lourde de non-dits ou de discours moralisateurs. Certains s'habituent même à l'idée de décevoir durablement l'enseignant, les adultes, les tuteurs particuliers. À se faire dire trop souvent qu'ils peuvent faire mieux, qu'on attend plus d'eux, comment pourraient-ils éviter la réflexion qu'on ne les aime pas tels qu'ils sont ?

Commencez par rassurer votre enfant sur votre amour et votre soutien, confortez-le dans ses forces, ses qualités et sa valeur personnelle, et valorisez davantage ses efforts (plutôt que les seuls résultats).

Les maux comme symptômes

Difficile pour les enfants (et les adultes) d'échapper à cette pression de réussite et de rendement. L'anxiété de performance ne les épargne pas. Traitée comme un trouble anxieux, elle conduit des enfants à redouter des événements courants de la vie scolaire. Certains tremblent devant une dictée, dorment mal avant un examen, bafouillent lors d'une présentation orale, etc. Il y a ceux qui vérifient plusieurs fois leur reliure à anneaux, réécrivent x fois leur texte jusqu'à ce que la présentation soit parfaite, adoptent déjà certains comportements obsessionnels. Ils semblent pétrifiés par la peur d'être (mal) jugés par leurs camarades ou sévèrement notés par leur enseignant. L'amour de leurs parents peut leur sembler conditionnel à leurs résultats.

C'est alors que des maux physiques peuvent apparaître : crises d'angoisse, hyperactivité, maux de tête et de ventre, anorexie, etc. Alain

46. *Op. cit.*, p. 11.

Braconnier connaît bien ces enfants qui somatisent leur mal-être psychique. Il relate le cas de Charlotte, une étudiante qui présente de fortes douleurs abdominales et souffre des pressions exercées par sa mère. « Elle lui parle tout le temps de ses examens, elle ne fait même que lui parler de son travail, comme si seule la réussite comptait à ses yeux. Plutôt que de l'aider, cette angoisse maternelle l'oppresse[47]. » La somatisation est le moyen indirect de dire par son corps ce qu'on ne dit pas par les mots, note le psychiatre : « Aux mots se substituent les maux[48]. » Plus loin, il écrit : « Plus largement, un corps qui proteste renvoie très souvent à une contestation, présente ou passée, qui ne parvient pas à s'exprimer autrement : il sert à manifester ce qui nous tyrannise à l'intérieur de nous-mêmes[49]. »

Faites preuve d'un peu d'empathie et encouragez votre enfant à vous exprimer ses peurs.

Le salaire de l'épuisement

Partageons une autre observation de Gisèle George. Quand une mère la consulte pour aider son fils à gagner en concentration, la pédopsychiatre se prend à examiner l'emploi du temps de l'enfant dans la semaine. Elle récapitule : vingt-deux heures trente d'école, une heure de devoirs par jour, trois heures de cours de violon et trois heures trente de répétition à la maison, auxquelles s'ajoutent des heures d'échecs, de lecture, de catéchisme... soit près de quarante heures d'activités par semaine ! « Et pour chacune, il est demandé travail, concentration, discipline, qu'il soit toujours au *top* de ses performances[50] », note-t-elle. Quel enfant peut résister à un tel rythme stressant ?

Si le vôtre est inscrit à toutes sortes d'activités, qu'il se montre indiscipliné, qu'il perturbe les autres, qu'il résiste à répéter ses exercices, qu'il semble apathique ; s'il vous faut sans cesse l'encourager, le

47. Alain Braconnier, *Protéger son soi pour vivre pleinement*, Paris, Éditions Odile Jacob, 2010, p. 195.

48. *Ibid.*, p. 84.

49. *Ibid.*, p. 196.

50. *Op. cit.*, p. 51.

stimuler, le pousser, examiner à votre tour, et calculatrice en main, son emploi du temps, demandez-vous : les périodes d'activités alternent-elles avec des temps de repos ? Toutes ces activités nécessitent-elles un effort de concentration ? De quelle période de temps libre bénéficie-t-il par jour, par semaine ? Considérant son agenda, est-il réaliste (et raisonnable) de vous attendre à une attention sans faille de sa part ? Il n'est jamais trop tard pour apporter quelques ajustements à son emploi du temps, au risque d'épuiser ses ressources d'énergie.

Ne vous laissez pas griser par ses premiers succès

Il n'a pas 10 ans que votre enfant présente une belle aptitude pour un sport ou une activité artistique. Très vite, cette occupation commence à prendre le dessus sur les autres activités de son âge et les sorties avec les amis. Son professeur commence à évoquer les compétitions. Puis la perspective qu'il obtienne une bourse d'études grâce à ses performances sportives ajoute à l'attrait de persévérer dans cette discipline. Comme dans tout entraînement, les progrès sont proportionnels aux efforts consentis et au temps consacré.

Des heures et des heures d'entraînement et quelques années plus tard, votre enfant a atteint un niveau très honorable de performance. Il a peut-être obtenu la bourse d'études ou la médaille tant convoitée. Ses efforts ont été récompensés. Mais l'enthousiasme n'y est plus. La motivation baisse. Votre jeune pousse encore un peu l'effort mais ne progresse plus. Probablement souffre-t-il d'épuisement. Les désillusions, après un si bon départ, peuvent peser lourd à l'entrée de l'âge adulte. Mieux vaut mettre la pédale douce en évitant d'investir l'énergie de votre enfant, trop tôt et trop jeune, dans une seule activité. Son épanouissement vaut bien, au moins, la même attention que ses performances.

Le poids de la dette

« Regarde tout ce que j'ai fait pour toi ! » Même si cette phrase n'a jamais été prononcée devant l'enfant, même si le parent se défend bien d'attendre un « rendement du capital investi » pour tous les efforts fournis et les services rendus, l'enfant hyper investi ressent une dette à l'égard de son hyperparent. Le sujet n'est guère évoqué. Pour nombre de pères et de mères, ce don de soi est naturel. Et pourtant, dans la tête d'un jeune, tant de sacrifices parentaux peuvent avoir un prix. Les études coûtent cher, le temps investi à l'amener à ses activités, à le soutenir, à l'encourager, tout cela, et bien plus encore, peut peser lourd sur les épaules d'un enfant qui se sent redevable. Dons et dettes ressortent comme les deux faces de la même monnaie.

Des psychanalystes, dont Freud en premier, se sont penchés sur ces cas d'individus écrasés sous le poids de la dette, parfois plus imaginaire que réelle. Endettées à vie, ces personnes traînent le boulet des sacrifices parentaux et des liens jamais rompus avec leurs géniteurs. Contracter une dette, c'est se sentir en devoir de rendre quelque chose pour compenser la perte d'un bien ou d'une ressource. L'incapacité de rembourser d'une certaine façon, de récompenser un tel dévouement, par un trophée ou un diplôme, rend malades de culpabilité des enfants devenus grands.

CHAPITRE 17

Ces batailles qui ne sont pas celles des enfants

Toutes ces luttes et ces batailles que le parent mène, croit-il, au nom (et pour le bien) de son enfant appartiennent-elles à ce dernier? Et si le véritable objectif de tous ces efforts visait à ce que son enfant lui assure un statut parental, le rassure sur son rôle de parent, lui offre un beau reflet de lui-même, le conforte dans sa popularité, cicatrise ses propres blessures d'enfance, répare une enfance meurtrie, etc.? Les témoignages des hyperparents révèlent de multiples motivations, parfois inconscientes, souvent psychologiquement ancrées dans leur propre passé. Et si, sous couvert d'agir pour son bien, ces parents passaient à côté des réels besoins de l'enfant et de ses vraies demandes?

Regard sur le fond de leur possible motivation et sur les dessous de l'hyperparentalité.

Mon enfant, ma bataille

« Bien sûr c'est elle qui l'a porté – Et pourtant – C'est moi qui lui construis sa vie lentement – Tout ce qu'elle peut dire sur moi – N'est rien à côté du sourire qu'il me tend – L'absence a ses torts – Que rien ne défend – C'est mon enfant. » On connaît ces paroles de la chanson de Daniel Balavoine, *Mon fils, ma bataille*. Au-delà d'un contexte de séparation et des querelles autour de la garde des enfants, nombreux sont les hommes qui revendiquent aujourd'hui leur part égale dans leur éducation. Ils ne se contentent plus de consulter le bulletin scolaire avant de retourner à la lecture de leur journal ou à leurs dossiers professionnels. Il ne leur suffit plus de signer des chèques pour financer les activités du petit. Ils encouragent leurs enfants lors de leurs activités. Ils font les courses et donnent à manger à la petite cuillère. Ils accompagnent les enfants au jardin public et poussent les balançoires.

À défaut de se voir reconnaître un instinct paternel, ils entendent bien affirmer leurs qualités parentales. Ces pères « paternent », sécurisent, encouragent, câlinent, gâtent leurs enfants comme jamais auparavant. Que la garde de leur petit leur échappe, par décision de justice, et certains pères se livrent à une véritable surenchère éducative sur fond de rivalité parentale. Qu'après une rupture conjugale ils se sentent éjectés de la cellule familiale ou relégués au rang de parent payeur, cela suffit pour qu'ils rivalisent d'attention à l'égard de leurs enfants, pour compenser leur absence, pour les combler de leur amour. Après une séparation parfois conflictuelle avec leur ex, nombre d'hommes divorcés témoignent de leur désir de s'investir davantage auprès de leur enfant « comme une mère, ou même un peu plus[51] ».

L'enfant qu'on aurait aimé être

Qu'est-ce qui peut pousser une mère ou un père, satisfaits de leur travail et s'y épanouissant même pleinement, à vouloir quitter leur emploi pour se consacrer à temps plein à leur enfant ? De nombreuses femmes, en majorité, font face à ce dilemme : continuer ou arrêter de travailler. Bien sûr, les besoins particuliers de l'enfant ou des motifs économiques peuvent déterminer leur choix. Toutefois, de façon consciente ou inconsciente, un père ou une mère peut aussi vouloir se consacrer à son petit pour vivre par procuration la vie (merveilleuse) de celui-ci, ses succès et ses joies. Ils veulent le meilleur pour leur enfant. Ils souhaitent (surtout) se projeter en lui et vivre à travers lui ses espoirs, ses rêves, ses ambitions. Les psychologues parlent de « projection narcissique ».

---

51. Armelle Oger, *La nouvelle famille*, Paris, Éditions Belfond, 1993, p. 117.

De nombreuses raisons peuvent inciter un parent à s'investir dans la vie de son enfant, jusqu'à se projeter en lui. Enfance douloureuse, carence affective, désapprobation parentale, insultes peuvent poursuivre ces adultes tout au long de leur existence. Combien de parents hyper exigeants envers leur progéniture ont été des enfants souffrant d'un sentiment d'imperfection ou d'inaptitude ? On observe des mères apprendre à leurs filles comment se tenir, attirer l'attention et plaire aux adultes. Des pères montrent à leurs fils l'art de convaincre, d'obtenir ce qu'ils veulent et de rivaliser avec les autres. Plaisir de la mère de voir sa fille ravir les adultes par tant de grâce et de talents. Fierté du père de constater que son fils réussit là où lui a peiné ou échoué. Le risque est de vouloir modeler la personnalité de leur enfant en fonction de celui qu'ils auraient aimé être. Ce n'est qu'en prenant conscience de leur souhait de revivre leur enfance à travers les expériences positives de leur petit qu'ils pourront faire le deuil de cet enfant rêvé pour accueillir l'enfant réel.

Ces enfants (sur)chargés de missions

Des parents se lancent dans une véritable bataille pour que leur enfant intègre une prestigieuse école. Mais qu'espèrent-ils tant ? Derrière les objectifs éducatifs se cache souvent un enjeu familial ou personnel. Tel parent vient d'une lignée familiale universitaire et investit déjà son enfant de la mission de se joindre à une grande institution. Tel autre a fait de courtes études et entend bien réaliser à travers son enfant une ambition stoppée dans son élan. C'est ainsi que, sans rien avoir demandé, certains enfants héritent, bien malgré eux, d'un rôle attendu. Leurs parents attendent d'eux qu'ils remplissent un vide, réparent un échec, pansent une blessure, comblent une ambition, honorent une tradition familiale. Dans l'effort des parents pour se valoriser, leurs espoirs font porter à l'enfant la charge (et le poids) d'une mission qui ne leur appartient pas.

Ainsi de mon ami George qui, dans toute la démonstration de sa générosité, n'omet pas de rappeler à son enfant qu'à son âge il n'avait pas la même chance. Même si ses intentions sont bonnes, il réalise peu les sentiments ambivalents de son enfant devant une telle confession.

Certes, ce dernier connaît un confort qui le met à l'abri de l'insécurité. Mais il peut aussi se sentir accablé à l'idée que son parent ait tant manqué, alors que la vie lui est si agréable.

Selon Bruno Bettelheim, l'enfant « peut même se croire obligé de compenser le passé en ne procurant à ses parents que du plaisir, objectif louable, mais bien sûr impossible [52] ». Dans cet état d'esprit, combien d'enfants réalisent l'ambition parentale, les rêves avortés du parent, par obligation ou loyauté familiale, pour ne pas décevoir ou inquiéter ? Et combien d'entre eux découvrent tardivement, parfois au mitan de leur vie, leurs désirs profonds, leurs intérêts et leurs motivations personnelles ? À l'enfant surchargé de missions, il faudra parfois des années pour, enfin, se délivrer de ces missions parentales.

L'enfance qu'on n'a pas eue

La maternité réveille parfois le désir de renaître à soi-même. Des mères l'avouent : « C'est comme une deuxième naissance ! » Elles ont l'impression de revivre leur enfance à travers celle de leur enfant. Mais en mieux ! Dans un souci de réparation du passé, elles se prolongent (narcissiquement) en leur enfant comme en un autre soi-même. Dans leur souci de bien faire, elles cherchent à éviter de reproduire les erreurs de leurs parents. Elles se sont juré qu'elles ne rejoueraient pas le même scénario éducatif. Elles désirent offrir à leur enfant tout ce qu'elles n'ont pas eu la chance de goûter.

Combien de mères cendrillons engendrent des petites filles princesses ? Combien de garçons très gâtés sont les fils de pères qui ont été privés d'attention paternelle ? Hélas, dans leur désir de faire autrement, ces parents en viennent souvent à faire le contraire. Ce faisant, ils négligent un élément crucial : leur enfant n'est pas le reflet d'eux-mêmes, enfants. À prendre le contre-pied de l'éducation parentale reçue, ils risquent, à leur tour, de passer complètement à côté des besoins de leur enfant, à l'instar de leurs parents et de leurs grands-parents

52. *Pour être des parents acceptables : une psychanalyse du jeu*, Paris, Éditions Robert Laffont, 1988, p. 229-230.

avant eux. Les désillusions peuvent être grandes. Comme le souligne Christiane Olivier, « il n'est pas difficile de déceler et de mesurer la déception des mères qui ont voulu vivre leur enfant comme émanation et recommencement d'elles-mêmes, et qui ont ambitionné de se vivre enfin comme “bonnes” à travers cet enfant[53] ».

L'enfant, porte-étendard de sa réussite

Au-delà des motivations centrées sur l'intérêt (présumé) de l'enfant, l'auteure Donna G. Corwin lève le voile sur un autre enjeu sous-jacent, rarement avoué aussi explicitement. « En réalité, les enfants font office de pions sur l'échiquier des adultes qui s'affrontent, et leurs succès rejaillissent sur les parents et renforcent de ce fait leur position sociale[54] », observe-t-elle lucidement. Derrière la rivalité infantile, c'est bien la compétition entre adultes qui se joue dans les coulisses.

Les signes (extérieurs) de réussite sociale, par enfants interposés, sont les trophées gagnés, la réputation de l'école, la marque des vêtements, l'apparence physique, le cercle d'amis, et même les goûters d'anniversaire transformés en événements sociaux. Pour honorer leurs rejetons aux yeux de leur société d'amis – et démontrer leur statut social –, de plus en plus d'hyperparents se lancent dans de folles dépenses pour leur offrir une fête personnalisée, originale et créative. Certains vont jusqu'à s'entourer d'organisateurs de fêtes et de spectacles pour enfants, de créateurs de pâtisseries sur mesure, d'animateurs-amuseurs pour organiser une fête haut de gamme, sans oublier accessoires de rêve, décoration de table féerique, déguisements thématiques, structures gonflables, sculpture de ballons, pièce montée de bonbons... Aux yeux de ces hyperparents, le pire qu'il puisse arriver à leur enfant est qu'il perde en popularité, qu'il se retrouve écarté du groupe des « populaires » assimilés au *successfull people*, aux gagnants dans ce jeu (impitoyable) de la vie. Tout petits, ils apprennent déjà l'art de se vendre, c'est-à-dire de vanter leurs mérites, de mettre de l'avant leurs privilèges et leurs aptitudes.

53. *Peut-on être une bonne mère?*, Paris, Éditions Fayard, 2000, p. 39.
54. *Op. cit.*, p. 19.

Toutefois, la pression peut être très forte sur ces enfants pour se conformer à ces attentes sociales, épargner à leurs parents l'aveu de leurs faiblesses et éviter leur désapprobation. Ces hyperparents entendent préparer l'entrée de leurs enfants dans une société qu'ils jugent impitoyable envers les plus faibles, mais qu'ils consolident eux-mêmes par leur propre système de valeurs.

CHAPITRE 18

Le *burnout* maternel : ces mères qui craquent

Des enfants sous pression, des parents débordés : le stress est-il en train de gagner les foyers ? Après avoir mobilisé tant d'énergie à poursuivre leurs normes élevées de réussite, à multiplier les injonctions de perfection, des hyperparents épuisés baissent les bras. Au bord de la crise de nerfs, ils jettent l'éponge. Des mères éreintées craquent. Des mots durs ont fusé qu'elles n'auraient jamais cru prononcer un jour. Des gestes ont été plus brusques qu'elles ne l'auraient souhaité. Des portes claquent et les nerfs se tendent. Pourtant, devant la famille et les amis, elles évitent de se plaindre, ou elles n'évoquent le sujet que du bout des lèvres.

Sujet tabou parmi les tabous, le *burnout* maternel est pourtant une réalité bien concrète. De quoi a-t-il l'air ? Pourquoi craque-t-on ? Au-delà du *burnout*, le stress parental et l'impression de ne plus rien contrôler tendent encore à accroître la pression. Zoom sur un phénomène en pleine expansion.

Mères au foyer désespérées

Chargés de l'éducation de leurs enfants, de leur bien-être, de leur sécurité, de leur santé et de leur bonheur, les parents en font-ils trop ? Les mères sont plus souvent que les hommes touchées par le *burnout*, surtout si elles sont chefs de famille monoparentale, mères au foyer se consacrant à temps plein à leurs enfants, n'existant que pour et à travers eux. Entre repas, lessive, courses, rangement, supervision des devoirs, vérification des sacs d'école, arbitrage des conflits, organisation des activités, transport des enfants, encadrement des amis à la maison, gestion de leur agenda, rencontres avec les enseignants, la liste de choses (répétitives) à faire ou à penser semble interminable.

Très sollicitées, elles n'ont guère de temps à elles, du temps pour s'occuper d'elles-mêmes, en plus de leur tribu. Tout au plus parviennent-elles à trouver des moments de répit, le plus souvent interrompus par les demandes incessantes de leurs jeunes enfants. Se détendre dans un bain chaud, se distraire devant un bon film ou rire au téléphone avec une amie sont devenus des missions impossibles. Combien de ces mères au foyer désespérées soupirent: « Ma vie ne m'appartient plus ! » Elles vivent accrochées aux besoins et aux caprices de leur bout de chou. Elles ne contrôlent désespérément plus rien et ne bénéficient d'aucune échappatoire. Et cette perte de contrôle s'accompagne parfois de bouffées de rage, de révolte et de colère.

« Je suis à bout, puis-je en parler ? »

« Ras le bol ! », « Je suis à bout ! », « J'ai juste envie de dormir », « Usée... », « Dépassée... » : à chacune ses mots pour dire sa fatigue. Mais rarement le mot « *burnout* » sera prononcé. Un terme inavouable, un violent aveu d'impuissance, un cuisant sentiment d'échec. À l'inavouable détresse s'ajoute souvent l'incompréhension de l'entourage. Car le *burnout* ne se confond pas avec le syndrome du troisième jour (*baby blues*) ou la dépression post-partum. Il est le résultat d'un stress récurrent, qui persiste, et épuise physiquement et émotionnellement la personne. Un mal qui touche de plus en plus les mères. Le *burnout* s'installe au fil des jours. Avant de « tomber en *burnout* », ces femmes épuisées se tiennent sur le rebord, en équilibre instable entre moments de joie et moments de déprime. Elles basculent du côté du *burnout* quand elles sont à bout et au bout de leurs ressources d'énergie. À ce moment, la maternité ne leur offre plus de plaisirs, mais des frustrations et des désillusions.

Violaine Guéritault décrit très bien la lente progression vers le *burnout* maternel: « D'abord l'épuisement psychologique et physique, suivi d'un détachement émotionnel vis-à-vis de mes deux enfants, lui-même suivi d'un reniement de ce qui était positif dans ma vie de mère, pour finalement arriver au jugement négatif que je m'infligeais en me persuadant que j'étais une mauvaise mère[55]. » Voilà bien, selon cette docteure en psychologie et mère de deux enfants, les trois principaux stades (et ingrédients) du *burnout*: 1. épuisement émotionnel; 2. dépersonnalisation/distanciation; 3. reniement des accomplissements passés, présents et futurs. Alors qu'elles souhaitent donner le meilleur d'elles-mêmes, les mères donnent sans compter, avec la frustration de constater qu'elles ne donnent pas encore assez.

« Pourquoi est-ce que je saute les plombs ? »

Ah, les joies de la maternité ! Réaliser le bonheur de son enfant. Se satisfaire de son seul plaisir. Se consacrer à son présent en vue de son avenir. Elles y ont cru jusqu'à s'accrocher parfois à cette image idyllique de la mère parfaite et comblée. Leur projet d'enfant avait tout pour commencer comme une belle histoire... Il était une fois un couple qui désirait un enfant, et un enfant qui comblait tous leurs désirs. Mais l'enfant ne réagit pas comme la mère le souhaiterait. Il a toujours faim. Il ne dort pas assez. Il ne veut pas marcher. Il n'est pas encore propre. Il s'ennuie après quelques minutes à jouer. Il pleure sans raison apparente, s'agite et ne se calme pas facilement. Le programme activités d'éveil avec son bébé, repas, dodo et sortie poussette ne tient pas toujours la route. Au lieu de cela, la mère se met à éprouver le poids des frustrations. La fatigue s'installant, les cris de bébé deviennent stressants. Ses crises mettent les nerfs à rude épreuve.

Sans soutien, sans encouragement ni reconnaissance de la part de l'entourage, il arrive que ces mères en viennent à s'occuper de leur enfant comme un robot. Les gestes se font mécaniques. Elles répètent machinalement, et non plus affectivement, les soins apportés à l'enfant.

55. Violaine Guéritault, *La fatigue émotionnelle et physique des mères : le burn-out maternel*, Paris, Éditions Odile Jacob, 2004, p. 39.

Elles prennent leurs distances par rapport à leur rôle. Elles se détachent peu à peu de leur enfant pour se préserver et ménager leurs forces. C'est au moment où elles auraient le plus besoin de tranquillité que la moindre contrariété peut leur faire sauter les plombs. Dans certains cas extrêmes, la mère réagit brutalement, jusqu'à maltraiter son enfant.

« Qu'est-ce que je fais mal ? »

La plupart des mères rêvent de réussir là où d'autres ont échoué, de s'accomplir comme mères, de mettre leurs savoirs et leurs compétences au service de la maternité. Mais malgré leurs bonnes intentions au réveil et leur mea-culpa au coucher, elles avouent: « Je craque ! » Il leur faut se rendre à l'évidence : leur fantasme de la mère idéale ne résiste pas toujours face à la réalité. Peu à peu, elles réalisent que leur quotidien devient très éloigné de l'image de la maternité épanouissante. Certaines veulent tellement faire aussi bien que leur mère. D'autres souhaitent tant faire tout autrement, et tellement mieux.

Mais peu à peu, le fossé se creuse entre l'idéal et la réalité. Les évidences et les certitudes vacillent. Les moments de doute s'installent et s'accumulent. Hélas, plus l'idéal est élevé, plus les attentes sont exigeantes, et plus le sentiment d'échec peut être cuisant. « Je suis une mauvaise mère », songent-elles alors. C'est que pour un hyperparent ou une *superwoman*, il peut être extrêmement difficile de renoncer à l'image idéalisée de la mère parfaite. Il lui faut apprendre à accueillir les joies et les bonheurs de la maternité en même temps que ses difficultés. Cette façon de vivre comme un tout la maternité nécessite de faire le deuil du fantasme de la mère comblée par les joies de cet état. Elle nécessite de s'accepter telle qu'on est plutôt que de s'épuiser à être la meilleure. Tout un nouveau contrat !

« S'il vous plaît, libérez-moi »

Et lorsque le *burnout* est déjà bien installé ? Dans leurs rêves les plus fous, elles s'imaginent mettre leur bébé dans les bras du premier inconnu. Elles se voient faire leurs valises sans enfant dans les bagages. Ces pensées révèlent surtout le profond désir d'un soutien, d'une écoute, d'un appui ou d'une relève. Pas si fou, après tout ! En effet, l'isolement des mères et le manque de soutien pèsent lourdement sur le moral de ces femmes. Les plus vulnérables ? Les mères isolées ou bénéficiant de peu d'appui dans leur rôle parental, celles qui manquent d'activités ressourçantes et celles qui doivent concilier leurs obligations privées et professionnelles.

Il est temps que ces hypermères et *superwomen* admettent leur fatigue et acceptent leurs limites. Une seule condition : renoncer à l'image de la mère toute-puissante et chercher du soutien. « Beaucoup de mères ne se sentent ni appréciées, ni remerciées ou félicitées pour les tâches maternelles qu'elles accomplissent. Il en résulte non seulement un sentiment d'inutilité et d'incompétence, mais aussi parfois de colère et de ressentiment sur le long terme », souligne Violaine Guéritault[56]. Le soutien des proches, en premier lieu du conjoint, peut faire toute la différence. Il peut prendre différentes formes : écouter, soutenir, épauler, reconnaître la difficulté de la tâche, partager les responsabilités parentales, décharger de certaines tâches ménagères, offrir une présence bienveillante, prendre en charge certaines activités avec les enfants, permettre à la mère de se libérer du temps pour elle, etc. Tout le monde y gagne !

56. *Ibid.*, p. 100.

CHAPITRE 19

La revanche des mères imparfaites et des mères indignes

La dictature du parent parfait tire-t-elle à sa fin? La course à l'excellence est-elle en plein déclin? Une chose est sûre: la littérature sur la parentalité témoigne d'un ras-le-bol des leçons offertes aux mères. La revanche des mères actuelles a un nom qui commence par *i*, comme imparfaites ou indignes. Une tendance est née autour des années 2000: des mères autoproclamées imparfaites ou indignes montent au front de la parentalité. Elles jettent par-dessus bord l'injonction paralysante «Sois une mère parfaite!». Sans tri sélectif, elles dénoncent cette image édulcorée de la mère aux petits soins, parfaite fée du logis en plus, sans oublier épouse accomplie et professionnelle au sommet du classement. Aux antipodes de ce modèle de mère exemplaire, elles revendiquent leur statut de mère imparfaite, spontanée, authentique, aimante et tellement plus vraie que l'icône médiatique de la mère *superwoman* et hyper maternante.

C'est décidé, on en fait moins et on se défait du poison de la culpabilité. Regard sur leur perception de leurs imperfections.

Mères exemplaires, s'abstenir...

La vie secrète d'une mère indigne[57], vous connaissez? Un petit livre tout en drôleries sur les maladresses quotidiennes d'une maman bien intentionnée, débordée et carrément dépassée. Véritable catastrophe ambulante, l'héroïne se débrouille comme elle peut (c'est beaucoup dire!) avec la maternité. Publié en 2007, sous le titre *The Secret Life of a Slummy Mummy*, l'ouvrage a été publié dans trente-cinq pays. L'auteure Fiona Neill, journaliste et maman de trois enfants, annonce d'emblée la couleur. Son héroïne ne fait pas partie de ces mères parfaites, «celles qui préparent plusieurs gâteaux pour la kermesse de l'école, tiennent les stands de chamboule-tout, s'occupent de coudre les costumes du spectacle de fin d'année; ces femmes toujours ponctuelles, pomponnées, et souriantes en prime»! Cette mère indigne appartient plutôt à l'autre catégorie, celles qui «accompagnent leurs enfants à l'école en pyjama et oublient systématiquement leur goûter». Côté organisation, elles ont tout à apprendre, ou s'y refusent simplement. Car elles ont d'autres priorités...

Toujours est-il qu'un phénomène littéraire est né. Les librairies et les blogues renchérissent avec des récits quotidiens de mères indignes et des conseils sur *Comment ne pas être une mère parfaite*[58] ou de la même auteure, Libby Purves, *Comment ne pas élever des enfants parfaits* et *Comment ne pas être une famille parfaite*. Relevons aussi ces quelques titres éloquents: *Comment être une bonne mère indigne?*[59], *Mère indigne, mode d'emploi*[60], *Mauvaises mères! Les joies de la maternité*[61] et *Chroniques d'une mère indigne, tome 1: Une maman (presque) parfaite!*[62].

---

57. Fiona Neill, *La vie secrète d'une mère indigne*, Paris, Éditions Fleuve Noir, 2009.
58. Éditions Odile Jacob, 2009.
59. Caroline Desages, Paris, Hachette Pratique, 2010.
60. Anne Boulay, Éditions J'ai lu, 2009.
61. Nadia Daam, Emma Defaud, Johana Sabroux, *Mauvaises mères! Les joies de la maternité*, Éditions J'ai lu, 2011.
62. Sophie de Villenoisy, Anne-Olivia Messana, Caroline Allard, Bruxelles, Éditions Jungle, 2011.

Objectif : on dédramatise et on déculpabilise !

Ces nouvelles mères (et souvent jeunes mamans) refusent avec humour (sarcastique) de faire les frais d'une idéologie de la parentalité axée sur la performance. C'en est fini de la mère parfaite qui court après le temps pour tenir son rôle à la perfection ! Pas moralisateurs pour un sou, ces guides de survie ont pour principal mérite (et mission) de dédramatiser, de déculpabiliser les jeunes mamans et de les faire rire de leurs angoisses et de leurs petits défauts. « Car les mères les plus radicalement altruistes, celles qui n'ont pas de satisfactions propres, sont souvent celles qui se sentent les plus coupables et les plus déprimées », observe Libby Purves[63]. Leurs auteures possèdent un argument de poids : la mère parfaite n'est pas réelle. C'est une image surfaite par les médias. Les vraies mères, celles de la vie de tous les jours, qui ressemblent à madame Tout-le-Monde, n'ont rien des modèles des magazines ou du portrait idéal dressé par les psys.

Dans la réalité, les mères réelles jonglent avec leurs différentes responsabilités, trébuchent parfois en marchant sur un jouet, pleurent d'épuisement, rient des bêtises de leurs enfants, cajolent leurs petits monstres bariolés de nourriture ou de peinture, préféreraient une sortie au ciné aux jeux du bac à sable et se sentent affreusement coupables. « Cessez de vous gâcher la vie avec les diktats de la perfection et les devoirs », disent en substance les mères indignes qui s'assument. Changement de direction : assumer ses imperfections vaut mieux que de courir après une impossible perfection. Le bonheur (et non l'abnégation) réside dans la joie de vivre, et non dans les injonctions inhibitrices d'excellence.

Libres, heureuses et imparfaites[64]

Être parent en étant soi-même et vivre une vie familiale épanouissante : voilà la nouvelle philosophie de ces mères qui possèdent leur blogue et leurs nouvelles idoles. « Fini l'obsession de la mère parfaite

63. *Comment ne pas être une mère parfaite*, p. 19.

64. Inspiré du titre du livre de Christophe André, *Imparfaits, libres et heureux*, Paris, Éditions Odile Jacob, 2009.

et ses diktats étouffants et culpabilisants ! Place au joyeux désordre, à l'improvisation organisée et au véritable plaisir d'être soi-même... pré ou post-vergetures ! Les (Z)imparfaites arrivent ! » peut-on lire sur le blogue http://www.lesimparfaites.com/. Nancy Coulombe et Nadine Descheneaux ont à présent leur livre : *Le guide de survie des (Z)imparfaites : mieux (sur)vivre avec ses enfants... et ceux des autres !*[65]. Quelle est leur principale philosophie ? Arrêtons de trop prendre au sérieux notre rôle de mère. Non, vous n'êtes pas une mauvaise mère parce que vous avez oublié de stériliser son biberon. Soyons nous-mêmes et aimantes avec notre enfant. Le reste viendra (ou non) avec l'expérience et le recul. Non, votre enfant n'est pas malheureux parce que votre vie est chaotique. Par contre – nuance ! – il peut être triste que vous souffriez de votre chaos. Un bébé n'a pas besoin d'une maison rangée, organisée et immaculée pour être heureux. Une maman suffisamment heureuse lui suffit. Non, votre enfant n'est pas anormal parce qu'il refuse de marcher « comme les enfants de son âge ». S'accepter soi-même libre et imparfaite est le meilleur chemin pour accepter son enfant tel qu'il est. Préférez-vous élever un enfant parfait ou avoir un enfant heureux ? semblent dire ces mères imparfaites.

Réhabiliter l'imperfection

Anne Boulay le dit haut et fort dans son livre *Mère indigne, mode d'emploi* : « Face à la sacralisation de la grossesse, contre le diktat de la "bonne mère", il faut réhabiliter l'imperfection. Et enterrer l'idée archaïque selon laquelle la maternité siérait aux femmes, par nature. » Pour bien tordre le cou au mythe des joies de la maternité et déboulonner l'icône de la mère, les mères imparfaites abordent, sans concessions, les hauts et les bas du quotidien : depuis l'accouchement (pas très *glamour*) jusqu'à la reprise du travail (l'épreuve du feu), en passant par le quotidien d'une journée ordinaire (lavage, dîner, couches, jeux, sommeil, etc.).

La mère imparfaite se veut décomplexée. Pas de quoi faire tout un plat avec les tracas du quotidien ! Le message est plutôt de préférer le bien-être de son enfant aux regards et aux jugements extérieurs. Car

65. Éditions Les Intouchables, 2009.

c'est un fait, « quand on devient mère, l'enfer, c'est encore et toujours les autres[66] ». Les mères imparfaites se font confiance pour écouter leur ressenti plutôt que les conseils tous azimuts des experts. Leur message de fond est qu'il n'y a pas une bonne et une seule façon d'être mère. Il y a autant de modèles de mères qu'il y a de femmes. Et de mettre à nu les femmes réelles sans fard et non « photoshopées ». Et si c'était leur volonté de quitter le carcan des normes bien pensantes en matière de parentalité qui les rendaient politiquement imparfaites ?

Authenticité et complicité en haut de l'affiche

Vivre une belle complicité avec ses enfants en étant bien avec soi-même. Et si c'était cela, la nouvelle définition de l'épanouissement en famille loin du bonheur affiché comme une carte postale ? Authentiques, spontanées et sincères, les mères imparfaites sont attachantes malgré leurs imperfections. Être soi-même revient à cultiver l'authenticité et la bienveillance envers soi. C'est aussi une façon d'être avec soi et les autres. C'est se présenter à l'enfant telle qu'on est et l'accueillir de la même façon. Le meilleur moyen pour que son bébé soit heureux est d'être soi-même une mère heureuse. Une mère bonne avec elle-même est suffisamment bonne avec son enfant. Sacrifier vie de couple, vie de famille et vie professionnelle pour le bien-être de son enfant est la voie royale vers une aliénation de sa personnalité, une dépersonnalisation.

Du reste, pourquoi les mères devraient-elles choisir entre être une femme heureuse et rendre leur enfant heureux ? Alors que le stress des hypermères s'accentue, elles entendent remettre les pendules à l'heure en se réservant le droit de choisir leur mode de vie. D'ailleurs, il n'y a pas que les mères qui se doivent d'être bonnes pour leurs enfants, les pères ont leur rôle à jouer et leur mot à dire.

Un modèle, les mères imparfaites ? Le risque est de trop en ajouter en matière d'imperfections et qu'on en vienne à s'inquiéter davantage de leur maturité qu'à rire de leurs excès maternels.

---

66. Caroline Desages, *op. cit.*, p. 30.

Chapitre 20

L'art de relâcher la pression : les parents zen

Vous avez vaincu votre sentiment de culpabilité injustifié ? Eh bien, déstressez-vous maintenant ! Face à l'activité débridée de la société moderne, on apprend à ralentir la cadence tranquillement jusqu'à vivre plus sereinement le quotidien en famille. Un mouvement est même né pour relâcher la pression : la *slow family*. La philosophie consistant à ralentir et à vivre plus lentement est en passe de devenir un nouvel art de vivre, voire un nouveau modèle de société. C'est ainsi qu'un nombre grandissant de familles ont décidé d'alléger leur emploi du temps, de profiter de moments privilégiés en famille et de permettre à leurs enfants d'évoluer à leur rythme.

Le choix de la lenteur, le calme intérieur et l'harmonie familiale reflètent de nouvelles préoccupations des parents. Bonne nouvelle : l'esprit zen est à la portée de tous ! Mais concrètement, comment fait-on ?

Ralentir la cadence

« Bien que la vitesse, l'activité débridée et l'obsession de gagner du temps soient toujours les caractéristiques de la vie moderne, une puissante vague d'opposition grossit de façon souterraine. Le mouvement en faveur de la lenteur est en marche. Au lieu de tout faire plus vite, beaucoup de gens décident de ralentir le rythme et découvrent que cette lenteur les aide à mieux vivre, à travailler mieux, à mieux réfléchir et à négocier les choses», écrit l'un de ses partisans[67]. Face au culte de la vitesse, «ralentir est aujourd'hui la façon de vivre la plus moderne, la plus libre, la plus simple qui soit. La plus urgente, aussi[68] », prône une autre de ses adeptes.

Ralentir, est-ce vivre au ralenti? Bien peu d'entre nous en seraient capables ou satisfaits. L'idée clé de cette philosophie de la lenteur consiste à suivre son tempo personnel plutôt que de courir après le temps. À contre-courant de notre époque de fébrilité, où il est de bon ton d'avoir l'air pressé, il est recommandé de ressentir de l'intérieur cette saveur de la vie qui passe. On donne au temps une nouvelle épaisseur en sachant savourer l'instant présent. On se réapproprie son agenda personnel en révisant ses priorités et en s'accordant du temps pour soi. Car à quoi bon vivre à un rythme hyper cadencé si l'on ne sait profiter des précieux moments ainsi gagnés? La volonté de rentabiliser son temps, de le maximiser s'est étendue aux loisirs et aux activités des enfants. Il est temps de se poser la question: profitons-nous pleinement de notre temps libre ou du temps partagé en famille en courant sans cesse de droite à gauche?

Cultiver la zen attitude

Pas facile de relâcher la tension quand on vit sous la pression de concilier ses diverses obligations. Cultiver la zen attitude peut nous y aider. «Le parent zen ne recherche pas la perfection; il a conscience qu'il ne peut être parent qu'avec ce qu'il est. Son désir n'est pas de façonner son enfant selon ses désirs», affirme Flavia Accorsi, l'auteure de *Maman zen: l'harmonie en famille*. Son désir est plutôt d'accompagner son enfant sur le chemin de la vie avec tendresse, fermeté, calme et respect de la personne. «Le parent zen bannit de son foyer la violence des mots et des gestes, parce qu'il sait que la peur est un mau-

67. Carl Honoré, *Éloge de la lenteur. Et si vous ralentissiez?*, Paris, Éditions Marabout, 2004, p. 258.
68. Pascale d'Erm, *Vivre plus lentement: un nouvel art de vivre*, Paris, Éditions Ulmer, 2010, p. 14.

vais maître. À l'agitation fébrile, il préfère le calme[69] », ajoute-t-elle. On le confond volontiers avec le parent *cool*, alors qu'il se caractérise moins par la recherche de complicité que par son calme intérieur, sa maîtrise des émotions, l'acceptation de soi et sa capacité à accueillir l'enfant sans jugements ou critiques.

Pour parvenir à cette zen attitude, le parent zen maintient le cap sur ses priorités sans faire une montagne des contrariétés de la vie quotidienne. Il fait face aux imprévus et aux difficultés avec sérénité en les gérant du mieux qu'il peut et en assumant son autorité. Il se donne à lui-même des objectifs réalistes sans dilapider son énergie à viser toujours plus ou toujours mieux. Il sait écouter vraiment son enfant avant de le conseiller. Il peut affirmer fermement son désaccord avec calme et respect. Il sait maintenir son attention au moment présent en faisant une chose à la fois et chaque chose en son temps. Il sait tirer un enseignement d'une erreur plutôt que de poser un jugement négatif. Enfin, son attitude parle plus que ses paroles.

On décélère !

Autre révolution intérieure : jeter aux oubliettes l'idée archi-répandue qu'un enfant qui n'est pas en avance est donc... en retard ! Et délestez-vous du poids terrible de l'angoisse. Puis ressentez l'effet euphorisant de décélérer. Contrairement à l'hyperparent, le parent zen ne cherche pas à précipiter les apprentissages de son enfant dans l'espoir de lui faire sauter une classe ou de le voir plus avancé que les jeunes de son âge. Il résiste à écourter le temps de l'enfance pour accélérer le développement du petit. Il se dit, au contraire, qu'un enfant a tout le temps de devenir grand.

Ce parent trouve un écho de sa préoccupation dans le livre de David Elkind : *L'enfant stressé : celui qui grandit trop vite et trop tôt*[70]. Selon le psychologue américain, il y a bel et bien danger à accélérer la croissance psychique et intellectuelle de l'enfant. Les enfants qui se

69. Presses du Châtelet, 2004, p. 7

70. Les Éditions de l'Homme, 1983.

prennent très tôt au sérieux, qui perdent le goût de s'amuser et qui adoptent des comportements adultes sont plus à risque de passer à côté de leur enfance et de développer certains troubles psychosomatiques. Encourager l'enfant dans ses intérêts n'a rien à voir avec le fait de le pousser à dépasser ses jeunes forces pour atteindre un idéal qui n'est pas le sien. Petit enfant deviendra grand... Ne le privez pas de son enfance. Chacun sait que ce n'est pas si on tire sur la tige que la fleur poussera plus vite. On la laisse éclore.

Il s'ennuie, est-ce grave ?

Quel mal y a-t-il à s'ennuyer ? demande Etty Buzyn. Pour la psychothérapeute et auteure de *Papa, maman, laissez-moi le temps de rêver,* « la capacité à supporter l'ennui reste un signe incontestable de bonne santé mentale. S'ennuyer est en effet une expérience formatrice nécessaire dans la vie d'un enfant[71] ». En quoi l'ennui profite-t-il à l'enfant ? Dans ces moments, celui-ci se reconnecte à ses émotions et leur donne la place nécessaire. L'absence d'activités est aussi propice à imaginer, à rêver, à créer. Il découvre la richesse de ses ressources intérieures souvent inexploitées (et insoupçonnées). C'est aussi dans ces moments-là que l'enfant développe le plus sa capacité d'introspection. « Et paradoxalement, le fait même d'être en situation de s'ennuyer lui offre l'opportunité de se remplir d'autre chose que d'expériences tirées d'une participation active à l'agitation extérieure », souligne Etty Buzyn. Notamment, l'enfant devient plus réceptif à son environnement extérieur, il apprend à observer les gens et les choses jusqu'à expérimenter la contemplation d'un paysage.

Certes, l'ennui n'a rien à voir avec l'attitude apathique de quelqu'un qui traîne toute la journée par paresse. Un enfant qui s'ennuie à l'occasion se dirige souvent vers des activités qu'il aime, comme lire un livre, regarder un film, dessiner, écouter de la musique. Etty Buzyn observe que cette fameuse « peur du vide » chez les adultes les pousse à enchaîner les activités pour remplir le temps. À la plainte « Maman,

---

71. *Op. cit.*, p. 156.

je m'ennuie», elle recommande de laisser du temps à l'enfant, qui trouvera bien assez vite une occupation par lui-même.

«C'est décidé, je me calme»

Vous rêvez de calme et d'harmonie? Aucun mystère là-dedans: soyez vous-même serein. Une astuce des parents zen est de faire le ménage dans leur tête, dans leur maison et dans leur vie. Chassez les pensées négatives qui vous font perdre confiance en votre pouvoir de maîtriser votre existence. Débarrassez-vous du désordre qui encombre votre esprit au lieu de le nourrir. Déterminez les irritants au quotidien, avec l'objectif de changer ce qui peut être changé et d'accepter ce qui ne dépend pas de vous. Hiérarchisez vos priorités afin de mieux relativiser ce qui importe peu au regard de vos valeurs ou de vos objectifs. Plutôt que de tourner en boucle un problème, attelez-vous à l'analyser objectivement, le plus honnêtement possible. Étudiez toutes les options envisageables et optez pour la plus satisfaisante, dans les circonstances. Exprimez clairement votre décision assumée en évitant de blâmer ou d'accuser qui que ce soit. Pour vous aider, prenez une profonde respiration, une respiration abdominale. On ne le dira jamais assez: la détente vient avec la respiration. Exercez-vous à respirer lentement et profondément à n'importe quel moment de la journée. En cas d'affolement, buvez un grand verre d'eau froide. Il est plus facile de garder son calme dans un espace aéré que dans un endroit confiné. Voilà pourquoi nombre d'experts insistent sur l'importance d'un lieu désencombré de l'inutile. Enfin, une saine hygiène de vie basée sur la régularité des repas et un sommeil réparateur contribue à conserver sa sérénité.

CHAPITRE 21

Cultiver le plaisir de vivre, selon les parents *cool*

Vous vous libérez peu à peu du stress? Voici une autre méthode antistress qui a fait ses preuves : pimenter l'ambiance familiale de jeux, de fantaisies et d'un brin de folie. Le parent *cool* n'a pas son pareil pour créer des moments privilégiés de complicité avec son enfant et se laisser gagner par sa vitalité. Il connaît la capacité d'émerveillement d'un enfant, sa façon de voir le côté magique ou incongru de la vie. Quel mal y a-t-il à laisser tomber de temps en temps son esprit de sérieux pour renouer avec l'esprit du jeu ?

D'ailleurs, de quelle façon intégrez-vous le jeu dans votre quotidien? Comment cultivez-vous le plaisir en famille? Quelles sont les activités de loisir que vous partagez avec vos enfants? Si votre quotidien ressemble à une course à obstacles ou à une longue suite de corvées ennuyeuses, vous avez peut-être oublié ce que jouer signifie vraiment. Dommage, car cultiver le plaisir de vivre rend la vie familiale plus agréable et plus légère. Il est temps d'avoir du plaisir en famille. Voici quelques suggestions qui pourraient séduire les plus sérieux d'entre vous[72].

72. Voir aussi Myriam Jézéquel, *Profiter de l'instant présent en 35 leçons*, Paris, Éditions ESI, 2012.

Priorité aux jeux libres et partagés

Simplement jouer : est-ce bien sérieux tout cela ? Les spécialistes l'assurent : le jeu fait partie de l'enfance et de l'école de la vie. « Pour l'enfant d'âge préscolaire, le jeu, c'est la vie en miniature autant que le rêve au quotidien. Source d'apprentissage, objet de plaisir, voie privilégiée pour interagir avec les autres, le jeu représente l'activité la plus importante de l'enfance », écrit Francine Ferland[73].

Seulement, pour jouer, l'enfant a besoin de temps libre, c'est-à-dire exempt d'activités dirigées et structurées. Ce temps peut être passé à ne rien faire de spécial, à laisser libre cours à son imagination. Il libère son esprit et évacue la pression du trop-plein. L'enfant devient, l'espace d'un moment, un personnage sorti de son imaginaire ou un héros réputé pour sa force ou son courage. Par ces jeux imaginaires, il inverse les rôles, dépasse ses limites et ses frustrations. En maître tout-puissant de son jeu, il revit la scène de l'école où on lui a pris ses affaires, rejoue le rôle du directeur d'école qui cherche à dominer les élèves, règle ses comptes en imagination avec son frère ou sa sœur.

Le jeu pour le jeu, c'est aussi l'occasion pour l'enfant d'explorer son environnement, en maniant des objets, en découvrant leur utilité, en leur trouvant une nouvelle fonction. Jouer, c'est encore créer, dessiner, chanter, animer un personnage, donner forme à ses pensées. Grâce au jeu, l'enfant exprime son riche monde intérieur, ses sentiments et ses émotions. Ainsi peut-il rire sans crainte d'être jugé ou jeter son ourson sans risque d'être grondé. Par le jeu, l'enfant fait l'expérience de nouveaux défis, comme lorsqu'il grimpe, saute ou construit une cabane. Enfin, les jeux de société favorisent l'apprentissage des règles du jeu. On aurait bien tort de se priver du côté ludique de la vie.

---

73. *Et si on jouait ? Le jeu chez l'enfant de la naissance à six ans*, Montréal, Éditions du CHU Sainte-Justine, 2002, p. 17.

Réapprendre à cultiver le plaisir en famille

Vos souvenirs d'enfance sont remplis de fous rires autour de jeux de société ou de jeux de piste, de pique-niques dans les bois, de longues sorties en vélo la fin de semaine ? Demandez-vous : de quoi seront faits les souvenirs d'enfance de vos enfants ? Si les seuls moments de loisir ont lieu dans le cadre d'activités parascolaires et programmées, il est temps de réapprendre à cultiver le plaisir en famille. Les activités libres et spontanées ont de nombreux mérites, comme de rendre la vie plus agréable, de renforcer les liens entre les personnes, de faciliter les apprentissages au contact de la réalité. C'est le grand retour du *free education*, des jeux libres et d'autres activités déstructurées.

Si vous n'avez pas vraiment le choix d'organiser et de prévoir des activités familiales, discutez avec vos enfants de celles qu'ils préfèrent. Tous les goûts (et les plaisirs) sont dans la nature ! Certains préféreront les sorties en plein air. D'autres opteront pour un abonnement à des spectacles. L'essentiel est d'intégrer le plaisir au quotidien pour alléger le poids des responsabilités de chacun. Pourquoi un enfant devrait-il subir chaque jour sa vie d'étudiant et sa charge de travaux scolaires en attendant la période (enfin !) réjouissante des grandes vacances ? L'activité physique (sans la pression de performance) peut lui permettre d'évacuer le trop-plein de fatigue mentale et émotionnelle. Les histoires imaginaires peuvent aussi aider à désamorcer bien des petites angoisses.

Sachons enfin que les enfants vivent davantage au moment présent et se projettent peu dans le futur, trop abstrait. Plus l'enfant est jeune, et plus la journée lui semble longue. Ses périodes de concentration sont plus courtes que celles d'un adulte. Raison de plus pour laisser mijoter le plaisir en lui accordant un repos bien mérité.

Renouer avec l'esprit du jeu

La course à la performance atrophie notre capacité à jouir de la vie. Une façon tout en douceur de renouer avec l'esprit du jeu est de l'intégrer à vos activités domestiques. Si le quotidien vous semble monotone, répétitif et ennuyeux, vous pouvez changer votre manière d'aborder les tâches (obligatoires) en les accomplissant de manière ludique, comme un jeu. Certains jeux ne sont pas plus valables que d'autres. L'essentiel est de s'amuser. Point à la ligne.

Pourquoi ne pas transformer l'épicerie en chasse au trésor, faire un concours de pliage de linge, imaginer des têtes de bonshommes en fruits et légumes, faire briller les chaussures, décorer les boîtes à rangement et s'en servir pour tout ordonner, etc. ? Laissez votre enfant s'improviser serveur en lui prêtant un tablier ou animateur en lui confiant un micro. Et si, un soir par semaine, on instaurait un dîner plateau devant la télévision? La maison n'est pas le seul terrain de jeux. Pourquoi ne pas aller à l'école à pied ou en vélo? Profitez de l'expédition pour explorer votre environnement. Prenez l'habitude de rire en famille, de chanter en faisant des tâches, de danser quand l'envie vous prend.

Tout cela, et bien plus, cultive l'esprit du jeu de votre enfant. Sachez aussi vous laisser guider par sa joie de vivre. Car dans le domaine du plaisir, ce sont encore les enfants nos meilleurs maîtres, et les plus imaginatifs ! Ils apprendront du même coup que jouer, c'est partager : à la fois donner et recevoir.

Apporter un brin de folie

Savoir rire des petits ratés de la vie, c'est si bon ! L'humour désamorce la plupart des petits conflits. Votre vie vous semble banale et ennuyeuse ? Il est temps de pimenter votre quotidien en y apportant un petit brin de folie. Voici quelques suggestions de brise-routine.

Transformez l'ordinaire en extraordinaire en improvisant, par exemple, une nuit au camping dans la chambre. Bien sûr, la lampe torche s'impose pour passer de cette pièce à la salle de bains ! De temps en temps, laissez à vos enfants le soin de décorer la table ou les murs avec des dessins, des découpages et de petits objets. Organisez un concert dans le salon, une pièce de théâtre ou un spectacle de danse avec votre enfant. Suscitez sa curiosité en vous amusant à faire le clown devant un miroir. Lorsque vous sentez la moutarde vous monter au nez, essayez de l'exprimer par des mimiques comiques ou des mots imagés. Votre colère se réduira de moitié. Je connais un père qui s'amuse à prendre une voix différente à chaque coup de fil passé à la maison. Même si vous ne possédez pas de talent d'imitation, amusez-vous à changer votre voix quand vous racontez une histoire ou l'aventure de votre journée. Mêlez-y des détails croustillants, insignifiants même. Laissez-les imaginer les personnes de la scène, quitte à les transformer en personnages insolites. Faites régner un certain suspens concernant l'aboutissement de votre aventure. Et encouragez chacun à raconter sa journée comme un livre d'aventures, une histoire comique ou une tragédie pathétique. Puis appréciez votre bonheur et relativisez les contrariétés de la journée.

Retrouver le sens de la fête

Faites-vous plaisir : faites la fête ! Les enfants adorent cela, c'est bien connu. Le sens de la fête, c'est aussi le sens de la communauté. Alors que les plaisirs se font plus individualistes, les fêtes possèdent un côté rassembleur. Quand on fête ensemble, on se rassemble. Les gens se rapprochent, s'amusent et ont du plaisir ensemble. Heureusement, certaines grandes fêtes sociales se célèbrent encore à l'école (comme Noël), dans le quartier (la Fête des voisins) ou en société (comme l'Halloween).

En dehors de ces quelques occasions de rassemblements festifs, pourquoi ne pas cultiver l'esprit de fête en famille ? Vous transmettrez cet esprit à vos enfants en conservant certaines traditions familiales, comme les réunions de famille autour d'une grande table, la recette (si appréciée) de gâteau au chocolat héritée de grand-maman, les récits (et exploits réels ou fictifs) de grand-papa, la chasse aux œufs de Pâques dans le jardin familial, etc. Toutes les occasions sont bonnes pour se réunir et fêter ensemble les multiples événements qui égrènent notre existence. On passe du temps aux préparatifs : on colore, on découpe, on crée de toutes pièces des éléments de la décoration. On imagine de petites attentions qui peuvent faire plaisir à chacun. On s'habille en rouge le jour de la Saint-Valentin. On colorie les œufs de Pâques à la main. On crée soi-même ses guirlandes de Noël. Rien ne vous empêche d'inventer vos propres rituels familiaux, comme célébrer la rentrée des classes, les premières neiges, l'arrivée du printemps, etc. Toutes ces occasions sont des moments privilégiés pour s'amuser en famille, découvrir et se créer de bons souvenirs.

Chapitre 22

Se simplifier la vie et s'organiser, pour les mères affairées

De véritables *superwomen*, les mères en affaires ? Chose certaine : de plus en plus de femmes rejettent cette image d'une superhéroïne qui, le sourire aux lèvres, réalise la prouesse d'exceller au travail, en famille et dans le couple, sans oublier de cultiver une vie sociale bien garnie. Leur grand défi familial est plutôt de se simplifier la vie et de découvrir ce qui les rend heureuses sans culpabilité. Elles souhaitent une vie à leur image en regagnant la liberté d'être elles-mêmes et mères. Elles plongent alors dans leurs valeurs, sondent leurs désirs et décident parfois de poser un autre regard sur leur existence ou d'approfondir leurs relations avec leur conjoint ou leurs enfants.

Qu'est-ce qui donne un sens à leur mission éducative ? La question surgit avec l'impertinence de celle ou de celui qui refuse les diktats de la compétition sociale. Et si on tournait les projecteurs sur sa définition personnelle du bonheur familial ? Elles osent poser un regard neuf sur leur rôle et leur vie en famille.

Prise de conscience

« De toute façon, je ne serai jamais parfaite. Il y aura toujours moyen de faire mieux, d'être plus rapide et plus efficace. Il y aura toujours de meilleurs parents. L'herbe sera toujours plus verte ailleurs. Inutile de poursuivre un idéal social qui ne correspond pas à mon idée du bonheur ! » pensent de plus en plus de femmes fatiguées par tant d'impératifs sociaux. Ainsi que l'exprime Annie Carpentier, « nous oublions parfois, parce que trop occupées à plier systématiquement nos serviettes, que la vie est beaucoup plus qu'un chez-soi impeccable, des enfants bien habillés et une auto de l'année[74] » !

Sur ce chemin du bonheur inventé, il n'y a pas de recette toute faite, mais une réceptivité à ses émotions, à ses sentiments et à ses opinions, dans l'écoute des autres. Cette prise de conscience est faite aussi d'une certaine introspection sur ses valeurs, ses priorités et le sens de sa mission parentale. Dans l'éducation traditionnelle, la bonne façon d'élever son enfant était simple : les parents exerçaient leur autorité sur l'enfant et celui-ci devait leur obéir. Aujourd'hui, notre souhait de voir nos enfants épanouis, heureux, autonomes, responsables, confiants en leurs capacités, dotés d'une bonne estime de soi et capables d'altruisme, de générosité et d'empathie invite à réfléchir à un projet éducatif sensé et raisonnable[75].

Commençons par régler nos incohérences et nos contradictions. On ne peut attendre de son enfant qu'il soit autonome et qu'il obéisse sans discussion à nos injonctions parentales, qu'il soit créatif alors qu'on ne valorise que les matières scientifiques, qu'il s'estime lui-même si son quotidien est rempli de reproches ou de critiques. Un premier pas consiste à connaître sa devise familiale, c'est-à-dire ses valeurs essentielles, et à vivre en accord avec ses croyances éducatives en trouvant une bonne distance entre ses valeurs familiales et le respect de la personnalité de son enfant.

S'occuper de soi comme de ses enfants

Vous avez l'impression d'être au service de votre patron (ou patronne) le jour et au service de vos enfants le reste du temps ? Les mères heureuses affirment se réserver du temps, trouver des moments pour elles afin de se ressourcer.

---

74. *Quel bonheur d'être une mère heureuse !*, Montréal, Les Éditions Québecor, 2011.
75. M. Jézéquel, *Développer son estime de soi*, Éditions ESI, Paris, 2012.

S'occuper de soi et de ses enfants est d'abord une question d'équilibre. Cela consiste souvent à se traiter aussi bien qu'on traite les autres. Entraînez-vous à reprendre contact avec vos désirs. Chaque jour, décidez de vous accorder un petit plaisir, comme une marche, une lecture, un tête à tête avec votre conjoint, un massage, etc. Combattez cette image négative selon laquelle prendre du temps pour soi est faire preuve d'égoïsme ou d'individualisme. Bien des mères se sentent tenaillées par le sentiment culpabilisant de faire passer leurs loisirs avant leurs enfants. Or, de la même façon que vous avez besoin de pauses au travail pour recharger vos batteries, considérez ces moments pour vous comme des périodes de relâche. En vous octroyant du temps pour des activités personnelles, vous transmettez aussi à vos enfants l'importance de répondre à ses besoins propres, de se respecter soi-même.

Le sentiment de culpabilité n'est pas la seule résistance intérieure des mères. Plusieurs résistent à s'accorder du temps pour elles en raison de leur difficulté à lâcher prise sur leurs responsabilités, sur la gestion de tous les aspects du quotidien. Si c'est votre cas, efforcez-vous de déclarer une trêve à votre envie de tout contrôler[76]. Une piste : impliquez vos enfants dans la gestion du quotidien en leur confiant le rôle d'assistants en chef. Vous gagnerez, en prime, du temps pour vous occuper de vous. Une autre piste : apprenez à dire non au trop-plein de sollicitations et résistez à combler le temps vide par d'autres tâches. Demandez-vous : qu'aimeriez-vous faire si vous n'aviez rien d'autre à faire ?

Se désencombrer

Une conviction anime les adeptes de la simplicité volontaire : les parents débordés sont des adultes surchargés. Ils se surchargent du trop-plein d'offres de loisirs, d'informations inutiles, de pressions liées à la société de consommation. A-t-on vraiment besoin d'une panoplie d'activités programmées, du dernier jouet électronique à la mode, d'une

76. Voir aussi Myriam Jézéquel, *op. cit.*

nouvelle garde-robe chaque année ou d'une montagne de jeux et de jouets pour être heureux?

Une tendance qui persiste et se renforce avec le temps est à se débarrasser du superflu pour se recentrer sur l'essentiel. Elle porte différents noms: *simple living*, mouvement *slow*, *good life*, décroissance. Ce nouveau style de vie, qui sous-tend une critique de la société de consommation, a débuté dans les années 80 aux États-Unis. Sa philosophie consiste à se détacher de la surabondance des faux biens pour apprécier ce qu'on a de plus précieux. Ses adeptes reprochent à la société marchande (et à ses marchands de bonheur) d'exacerber notre désir de consommer au risque de passer (perdre) notre existence à «gagner notre vie». Résultat: ne pouvant tout avoir, nous évoluons avec la sensation qu'il manque toujours quelque chose à notre bonheur.

La révolution intérieure passe par la décision de donner une réelle consistance à sa vie, en quête de ses valeurs propres, en faisant le plein de sens. Opération désencombrement! Les parents adeptes de la simplicité volontaire sont bien décidés à assumer leurs choix, aussi impopulaires soient-ils. Ils décident consciemment et volontairement de baser leur vie familiale sur des valeurs durables plutôt que de la centrer sur des biens consommables (et jetables). Ils privilégient la richesse intérieure et le temps de qualité en famille plutôt que la surabondance des ressources matérielles ou immatérielles des loisirs.

Sur le plan familial, ce style de vie consiste à élever leur enfant autrement, en harmonie avec leurs valeurs propres. C'est ainsi qu'ils préconisent de fabriquer soi-même certains objets courants, de privilégier des solutions écologiques, l'entraide et le troc de services, de recourir aux services publics tels que les transports collectifs, la bibliothèque publique ou la joujouthèque (un organisme qui fait le prêt de jouets), etc. Ils ont conscience que l'éducation par la simplicité volontaire a l'effet d'un big bang sur les mœurs familiales traditionnelles. Néanmoins, ces parents sont de plus en plus nombreux à vouloir élever leur enfant d'une autre façon, à l'écart du rythme effréné de la société quotidienne. Leur frugalité pèse-t-elle sur la liberté de choix de leur enfant? Non, répondent-ils, car leur mode de vie favorise les relations humaines et dévalorise la compétition sociale[77].

Éveiller sa conscience, élever son esprit

Partir en quête de son projet éducatif ne s'improvise pas ni ne se reproduit en imitant ses propres parents ou les autres pères et mères. Ce serait comme aller au plus profond de soi en prenant la voie la plus rapide. Le chemin vers l'harmonie en famille est pavé de petits plaisirs et d'objectifs conscients. Qu'est-ce que bien vivre ensemble? Comment préparer ses enfants au monde d'aujourd'hui et de demain? De quels repères ont-ils besoin pour grandir? Quelles valeurs leur inculquer pour les aider à se construire?

Le monde a changé. C'est là une évidence. Nos référents ne sont plus les mêmes. La famille n'est plus l'institution qu'elle était. Les modèles parentaux se sont diversifiés. La mission parentale elle-même est devenue plus incertaine. Le rôle, la fonction et la place de chacun sont plus flous.

Des parents évoquent la disparition des valeurs, ou plus précisément de leurs valeurs, celles qui les ont portés et guidés. Certains désespèrent de ne plus se sentir sur la même longueur d'onde que leurs enfants et jettent l'éponge, résignés. Or, ce sont aussi leurs valeurs qui donnent sens et poids à leur autorité parentale. D'autres, pris dans le tourbillon de l'agitation quotidienne, agissent comme si les règles de vie venaient naturellement à l'enfant, sans intervention de l'adulte pour les lui enseigner. Ils se comportent comme si l'enfant avait naturellement l'aptitude de tirer des leçons de la vie, comme s'il était doté du sens (inné) des interdits, de la conscience du bien et du mal. Quelle illusion! Croire qu'un enfant puisse développer des balises naturelles sans la médiation des adultes est un leurre éducatif. Imaginer que la vie se chargera de son apprentissage, sur le tas ou à la dure, est un pari risqué.

---

77. Voir à ce sujet les ouvrages de Mark Alan Burch (*La voie de la simplicité pour soi et la planète*, Montréal, Éditions Écosociété, 2003) et de Serge Mongeau (*La simplicité volontaire*, Montréal, Éditions Québec Amérique, 1985).

Nous désirons tellement voir notre enfant grandir, nous montrons tant d'impatience à le voir faire ses propres choix et voler de ses propres ailes que nous en oublions parfois son état de dépendance. C'est oublier que l'enfant vit dans la dépendance aux adultes et sous la direction (bienveillante) de ses parents, du moins le temps nécessaire pour lui lâcher la main et le laisser avancer par lui-même. Les repères ne viennent pas à l'enfant sans l'intervention (avisée et responsable) d'un adulte. Si ces valeurs ne lui ont pas été énoncées, expliquées et qu'elles n'ont pas été appliquées, elles pourraient s'imposer à lui avec la brutalité du fait accompli ou sous le couvert de l'autorité de la loi.

D'où l'importance de se poser la question : que voulons-nous transmettre à nos enfants ? Quels repères leur permettront de s'adapter et d'évoluer dans un contexte en constant changement ? Certes, il y a chez la plupart des parents un désir de transmettre, comme une nécessité intérieure, un prolongement du don de la vie. Pourtant, quand vient le temps de transmettre autre chose que les simples règles d'hygiène, de nutrition, de sécurité ou de vie en société, plusieurs d'entre eux s'interrogent plus souvent sur la responsabilité de l'école, des éducateurs et des enseignants que sur leur propre rôle de passeurs. Or, une éducation où la fonction de transmission est mal assurée rend l'enfant, en mal d'héritage, plus démuni pour faire face aux défis de la vie. Si vous pensez que les valeurs du passé ou les valeurs dominantes ne peuvent lui servir de tremplin pour affronter notre avenir incertain, interrogez-vous sur le réel héritage que vous aimeriez laisser à votre enfant. Cette éducation-là n'a pas de prix !

Conclusion

Le souhait le plus cher de l'hyperparent: être un parent zéro défaut capable d'un parcours éducatif sans fautes. Sa relation avec son enfant est pour lui le plus beau des cadeaux et des loisirs. Toujours prêt à sacrifier sa carrière à la réussite de sa progéniture, il rêve d'un enfant premier de classe ou reine du bal de fin d'année. Comblé d'être mère d'abord ou père avant tout, il se consacre, sans relâche, au bonheur de son enfant, s'efforçant de balayer sur son passage tous les obstacles à son épanouissement. Le temps passant, cet enfant, devenu roi, demeure le principal centre d'attraction familial et l'unique (ou presque) intérêt commun du couple.

Vous êtes-vous reconnu dans l'un ou l'autre des portraits d'hyperparents s'investissant exagérément dans l'éducation de leur enfant? Pas d'affolement psycho-pédago-éduco! Halte à l'hyperculpabilisation! Et *basta* les dénégations parentales! Nul besoin de changer radicalement votre style de vie et vos valeurs éducatives. Ce dont vous avez besoin, c'est de mettre un peu de relativité dans vos certitudes parentales. Pour cela, il vous faut peut-être apprendre à assouplir vos exigences, à adoucir vos principes et à déraidir vos injonctions parentales pour aller vers un style éducatif (et un style de vie) plus apaisé. Pour vaincre la tension, il vaut la peine de revoir vos attentes personnelles dans la pleine lumière des diktats de notre société de performance.

C'est que derrière l'image de carte postale de la réussite familiale, il y a parfois une vraie famille qui craque sous la pression de devoir être à la hauteur, un parent frustré par tant de sacrifices et un enfant épuisé par le stress de satisfaire les attentes *XXL* de ses parents, les exigences irréalistes de la réussite à tout prix. En cause : le mythe du parent modèle engendrant un enfant modèle, largement entretenu par la théorie selon laquelle l'avenir de l'enfant dépend de sa prime éducation. La démocratisation de ce discours, par le truchement de certains livres à succès portant sur l'éducation, a conduit au fait que l'hyperparentalité ne soit pas un phénomène circonscrit aux beaux quartiers mais une réalité à grande échelle, gagnant progressivement du terrain social.

Outre ces fissures apparaissant dans l'idéal de l'hyperparentalité, le culte de la performance parentale subit aussi les critiques des mauvaises mères autoproclamées. Ces mères qui se disent fièrement indignes brandissent leurs leçons personnelles de parentalité avec ce message sous-jacent : « Libération des mères ! » Leurs succès de librairie montrent que le vent est en train de tourner. Après la flambée de l'hyperparentalité, la tendance semble être de vouloir libérer les mères (surtout elles !) de tous les diktats d'excellence visant à en faire toujours plus et encore mieux, à la maison comme au bureau. Débordantes de tendresse et de maladresses, ces mères parfaitement imparfaites appellent à stopper cette surenchère éducative encouragée par les spécialistes de l'enfance. En s'exprimant en faveur de l'imperfection, elles plaident, en réalité, pour un peu plus de bienveillance des mères envers elles-mêmes.

Certes, de nombreux parents sont loin de partager cette rébellion semant un brin de contestation délicieusement humoristique. La plupart s'efforcent de devenir de « bons parents » et des modèles suffisamment valables pour leur enfant. Pour autant, il est notable que la fameuse exclamation « Mais comment fait-elle pour tout réussir ? », chère à la *working mum*, suscite beaucoup moins de superlatifs admiratifs parmi les parents d'aujourd'hui. De fait, la mère plus que parfaite, à l'apparence d'une fraîcheur juvénile, exposant les trophées de ses enfants dans son foyer impeccablement tenu, fascine beaucoup moins aujourd'hui que par le passé. Ce modèle deviendrait même dissuasif auprès de nombreux parents.

Plusieurs signes clairs et sensibles révèlent que le vent est en train de tourner vers un nouveau modèle plus décomplexé de parents *cool*. De plus en plus de femmes sentent le besoin d'assumer leur « normalité » maternelle et féminine, éloignée des impératifs sociaux de réussite et des secrets de starlettes retouchées. Les luttes de popularité pour se faire remarquer et pour démarquer leur progéniture les agressent, m'ont confié certaines d'entre d'elles, par leur exigence de perfection inaccessible, ou les agacent par leur prétention à une pseudo-supériorité.

Nouvelle vision de la parentalité ou simple effet de génération? Car parmi les antihyperparentalité, beaucoup de nouveaux parents espèrent surtout faire mieux que la génération précédente et rêvent de construire leur nid familial en réaction aux injonctions de leurs propres parents. Dès lors, prendre le chemin opposé à celui emprunté jusqu'alors a peu de chances de rétablir l'équilibre. Dans ce retour de balancier, passer d'un extrême (hyper) à l'autre (anti) fait demeurer dans l'excès des contraires. Et il serait dommage que les querelles éducatives tournent au vinaigre : pousser à faire contre laisser faire !

En rendant compte de certaines tendances en parentalité, l'objet de ce livre n'est pas tant de s'insurger devant les excès de certains discours méritocratiques ou d'entrer dans les querelles éducatives que de faire prendre conscience de certains comportements excessifs et nuisibles aux enfants.

Sans renoncer au désir légitime de préparer au mieux son enfant à la vie adulte, sans abdiquer ses responsabilités de l'accompagner autant que possible sur cette voie, il appartient à chacun de porter une attention vigilante à ses propres croyances et injonctions, héritées de nos parents et de la société. Il est plus que temps de se faire confiance et de se réapproprier ses propres choix en connaissance de soi et de la personnalité de son enfant. S'autoriser à réfléchir à ses valeurs familiales et chercher à les transmettre à son enfant en sachant qu'il lui faudra lui-même définir ses valeurs et construire son autonomie est une promesse de sérénité face à l'avenir. Éduquer son enfant en accord avec soi-même et l'autre, dans le courage de l'honnêteté et le dialogue ouvert avec son enfant, est une responsabilité à assumer, un bonheur à cultiver et une aventure constante à vivre avec sérénité.

Table des matières

Première partie

L'hyperparentalité à son plus fort

DEUXIÈME PARTIE

Quel type d'hyperparent êtes-vous ?

Troisième partie

Vers de nouveaux modèles de parentalité

MARQUIS

Québec, Canada

RECYCLÉ
Papier fait à partir de matériaux recyclés
FSC® C103567
FSC www.fsc.org

Imprimé sur du papier Enviro 100% postconsommation traité sans chlore, accrédité ÉcoLogo et fait à partir de biogaz.

100%

PERMANENT

BIO GAZ ÉNERGIE